AF377751

Juan Mascaró (1897-1987) estudió lenguas modernas y orientales en la Universidad de Cambridge e impartió cursos en distintas universidades, entre las que se cuentan la de Barcelona, la de Ceylán y la de Cambridge. Fue precisamente ahí donde tradujo la *Bhagavad Gita* al inglés, y logró una de las versiones más importantes y populares que se han hecho de tal obra, que él mismo adaptó al castellano. En los años siguientes dedicó su labor a la traducción de los *Upanishads* y del *Dhammapada*, lo que le valió su reputación como excepcional estudioso del sánscrito, del pali y también del esperanto.

Carlos Manzano ha traducido al español a algunos de los autores más relevantes de la historia de la cultura humana. Entre sus trabajos destacan las traducciones de clásicos como Marcel Proust, Henry Miller, Louis-Ferdinand Céline, Friedrich Nietzsche y Émile Michel Cioran.

Dhammapada

Versión e introducción de
JUAN MASCARÓ

Traducción de
CARLOS MANZANO

EDICIÓN BILINGÜE

PENGUIN CLÁSICOS

Papel certificado por el Forest Stewardship Council®

Primera edición en Penguin Clásicos: noviembre de 2015
Octava reimpresión: mayo de 2025

PENGUIN, el logo de Penguin y la imagen comercial asociada son marcas registradas
de Penguin Books Limited y se utilizan bajo licencia.

© 1973, First published by Penguin Books Ltd.
© 2010, Penguin Random House Grupo Editorial, S. A. U.
Travessera de Gràcia, 47-49. 08021 Barcelona
© 1973, Juan Mascaró, por la traducción al inglés
© 2010, Carlos Manzano, por la traducción al castellano
Diseño de la cubierta: Penguin Random House Grupo Editorial / Nicolás Castellanos

Penguin Random House Grupo Editorial apoya la protección de la propiedad intelectual. La propiedad
intelectual estimula la creatividad, defiende la diversidad en el ámbito de las ideas y el conocimiento,
promueve la libre expresión y favorece una cultura viva. Gracias por comprar una edición autorizada de
este libro y por respetar las leyes de propiedad intelectual al no reproducir ni distribuir ninguna parte
de esta obra por ningún medio sin permiso. Al hacerlo está respaldando a los autores y permitiendo
que PRHGE continúe publicando libros para todos los lectores. De conformidad con lo dispuesto en el
artículo 67.3 del Real Decreto Ley 24/2021, de 2 de noviembre, PRHGE se reserva expresamente los
derechos de reproducción y de uso de esta obra y de todos sus elementos mediante medios de lectura
mecánica y otros medios adecuados a tal fin. Diríjase a CEDRO (Centro Español de Derechos
Reprográficos, http://www.cedro.org) si necesita reproducir algún fragmento de esta obra.
En caso de necesidad, contacte con: seguridadproductos@penguinrandomhouse.com

Printed in Spain – Impreso en España

ISBN: 978-84-9105-071-1
Depósito legal: B-21.433-2015

Compuesto en Lozano Faisano, S. L.

Impreso en Arcángel Maggio Europa, S. L.

PG 2 6 8 0 A

ÍNDICE

AGRADECIMIENTOS 9

INTRODUCCIÓN 11

Dhammapada 41

Agradecimientos

Deseo expresar mi agradecimiento a la University Press de Cambridge por el permiso concedido para citar en mi Introducción un pasaje de *Shamsi Tabriz* de Jalal'ud-Din Rumi, traducido por el profesor R. A. Nicholson, y a la Fundación Rabindranath Tagore y a McMillan & Co. Ltd, de Londres, por el de citar un pasaje de un poema de *Gitanjali*.

JUAN MASCARÓ

Introducción

La palabra pali *dhamma* corresponde al sánscrito *dharma*, la primera palabra del *Bhagavad Gita* cuando se cita la esfera del *dharma*, la esfera de la verdad. El pali, la lengua de las escrituras budistas de Ceilán, Birmania e Indochina, está emparentado con el sánscrito del mismo modo que el italiano lo está con el latín. Como en italiano, la mayoría de las palabras acaban con un sonido vocálico y la mayoría de las consonantes se suavizan con una consonante doble: así, el sánscrito *dharma* pasa a ser *dhamma* en pali y *nirvana* pasa a ser *nibbana*. Se calcula que las escrituras pali son unas once veces más largas que la Biblia. Además de las escrituras pali, hay una inmensa literatura budista escrita en sánscrito y en traducciones chinas y tibetanas.

La palabra *dhamma* reviste una importancia suprema en el budismo y, tras esa simple palabra, hay un elevado significado espiritual. *Dhamma* procede de la raíz sánscrita DHR, que entraña el significado de «sostener, permanecer» y, por tanto, el de «ley, una ley moral, una ley espiritual de rectitud, la ley eterna del Universo, la verdad». En términos cristianos corresponde a «la voluntad de Dios». *Pada* significa, tanto en sánscrito como en pali, «pie, paso» y, por tanto, entraña el significado de una senda. Así, pues, *Dhammapada* indica la senda del *dhamma*, la senda correcta de la vida que hacemos con nuestros propios pasos, con nuestras propias acciones, y que nos conduce hasta la verdad suprema. El *Dhammapada* es la senda de la verdad, de la luz, del amor, de la vida, del nirvana. En términos cristianos es la senda de Dios. Aun cuando no alcancemos el final de la senda, los gozos del peregrinaje son nuestros. Podemos comprarlos «sin dinero y sin precio». Lo que es en verdad la senda suprema pasa a ser para todos nosotros toda la senda de la perfección.

La palabra Buda procede de la raíz BUDH, «estar despierto», «ser consciente», «saber». De la misma raíz procede la palabra *buddhi,* que encontramos en el Bhagavad Gita y significa, según los contextos, «inteligencia», «razón», «visión», «sabiduría». Es la facultad del hombre que lo ayuda a distinguir lo bueno y hermoso de lo malo y feo, lo verdadero de lo falso, y, por tanto, lo ayuda a caminar por la senda en la que la gran oración de los *Upanishads* encuentra su plenitud:

> De la falsa ilusión condúceme a la verdad.
> De la obscuridad condúceme a la luz.
> De la muerte condúceme a la inmortalidad.

El avance del hombre en esta Tierra es un lento despertar y todas las visiones poéticas o artísticas y todos los descubrimientos son un despertar, pero, tras las visiones por parte del hombre de algo infinito en lo finito y de algo eterno en lo transitorio y que hacen posibles sus creaciones de arte y poesía y todos los descubrimientos de la ciencia, está el gran despertar a la ley del *dharma,* el eterno nirvana, el Reino del Cielo.

Muchos profetas espirituales llaman al despertar. Oímos a Kabir (1440-1518), el santo y poeta indio, decir:

> ¡Despierta, amigo, y no vuelvas a dormir! Ya ha pasado la noche, ¿acaso vas a perder también el día? Llevas innumerables eras durmiendo; ¿es que no vas a despertar esta mañana?
> (Traducción de Rabindranath Tagore)

Podemos escuchar la gran poesía de Jalal'ud-Din Rumi
(1207-1273), el místico sufí, en su *Shamsi Tabriz*:

> Amantes, amantes, ya ha llegado la hora de abandonar el
> [mundo.
> El tambor de la partida llega a mi oído espiritual desde el
> [Cielo.
> Mirad, el conductor se ha levantado y ha preparado la fila
> [de camellos
> Y nos ha rogado que lo disculpemos: ¿por qué estáis
> [dormidos los viajeros?
> Esos sonidos por delante y por detrás son los de la partida
> [y los de las campanillas de los camellos.
> A cada momento un alma y un espíritu parten para el
> [Vacío.
> De esas estrellas como velas invertidas, de esas azules
> [marquesinas del cielo
> Ha surgido una estirpe maravillosa que puede revelar los
> [misterios.
> Fuiste presa de un sueño pesado procedente de las esferas
> [que giran:
> ¡Ay de esta vida tan leve! ¡Recela de ese sueño tan pesado!
> Alma, busca al Amado; amigo, busca al Amigo;
> Vigilante, estáte alerta: no conviene que el vigilante duerma.
> Por doquier hay clamor y tumulto, en todas las calles hay
> [antorchas y candelas,
> Pues esta noche el mundo atestado da a luz el mundo eterno.
> Tú eras polvo y ahora eres un espíritu, eras ignorante y
> [ahora eres sabio.

Buda es el nombre que se dio al príncipe indio Gotama
(563-483 a. C.), cuando, tras seis años de un denodado esfuerzo
espiritual, despertó a la luz infinita. Con el resplandor de esa luz,
nos ofreció palabras de sabiduría y amor, palabras que han ayu-
dado a los viajeros en tiempos pasados, nos ayudan a nosotros

ahora y ayudarán a los hombres en tiempos venideros, porque, sea cual fuere lo que un futuro inimaginable depare al hombre en eras por venir, las grandes palabras de sus dirigentes espirituales serán por siempre jamás su luz y las palabras de Jesús dan expresión a esa verdad: «El Cielo y la Tierra pasarán, pero mis palabras no pasarán». Lo que ha sido una luz para unos pocos será con el tiempo una luz para todos.

Buda era un príncipe y había nacido para ser rey, pero comprendió la vanidad de los reinos terrenales y anheló un Reino del Cielo: el nirvana.

En la historia poética de la infancia y la juventud de Buda, se nos dice que su padre, el Rey, por miedo a que su único hijo abandonara un día su corte y se convirtiera en un asceta mendicante, como le predijeron al nacer, decidió rodearlo de toda clase de placeres, construyó para él tres palacios para las tres estaciones indias y adoptó todas las disposiciones necesarias para que nunca viera a un anciano, un enfermo, un cadáver o un asceta mendicante. Quiso la suerte que el joven príncipe viese a esas cuatro clases de personas y el misterio de la pena de la vida no le permitió descansar. Sintió el anhelo de algo real tras la transitoriedad de las cosas, el anhelo que hizo decir al profeta hebreo:

> Como ansía el ciervo el agua del arroyo,
> Así suspira mi alma por Ti, Dios mío.
> Mi alma está sedienta de Dios, del Dios vivo:
> ¿Cuándo llegaré a estar delante de Dios?

O como dice la antigua canción inglesa:

> Jerusalén, mi dichoso hogar.
> ¿Cuándo llegaré hasta ti?
> ¿Cuándo tendrán fin mis penas?
> ¿Cuándo podré ver tus gozos?

O como comienza el poeta castellano Jorge Manrique (1440-1479) su magnífico poema:

Recuerde el alma dormida,
avive el seso y despierte,
contemplando
cómo se pasa la vida,
cómo se viene la muerte
tan callando.

La pena es la que mueve a Shelley a cantar así:

We look before and after,
And pine for what is not:
Our sincerest laughter
With some pain is fraught
Our sweetest songs are those that tell of saddest thought. *

Es la sensación de que hay una división en nosotros, una separación de algo infinito con lo que queremos reunirnos, porque somos como un niño perdido que llora en la obscuridad y lejos de su hogar.

El joven príncipe no sabía, pero anhelaba. No se sentía feliz con las convenciones establecidas en su época. Pensaba que, para encontrar algo más elevado, tenía que abrir una senda por entre la jungla de los deseos y los miedos, de las falsas ilusiones y las contradicciones. Sabía que el poder y los placeres solo significan una pequeña vida y una pequeña muerte. Sus «flechas de deseo» lo impulsaban, como dice el *Upanishad*, a viajar de la obscuridad a la luz, de lo irreal a lo real, de la muerte a la in-

---

* Miramos atrás y adelante / y añoramos lo perdido: / nuestra risa más sincera / está cargada de dolor. / Nuestros cantos más dulces son los que cuentan los pensamientos más tristes.

mortalidad. Debía abandonar el palacio y a su encantadora esposa y a su hijito. Primero debía encontrar la salvación y después regresar para lograr la salvación de todos los hombres, la salvación de aquellos a quienes dejó en el palacio. ¡Qué conmovedora es la descripción de la separación del futuro Buda de su esposa y su hijito Rahula!:

> Entonces el futuro Buda, después de haber enviado a Channa a hacer el recado, pensó para sí: «Voy a echar un último vistazo a mi hijo», y, tras levantarse del sofá en el que estaba sentado, se dirigió a los aposentos de la madre de Rahula y abrió la puerta de su cuarto. Dentro había una lámpara de aceite aromático y la madre de Rahula dormía tumbada en un sofá cubierto de jazmín y otras flores, con la mano sobre la cabeza de su hijo. Cuando el futuro Buda llegó al umbral, se detuvo y contempló las dos formas desde donde se encontraba.
>
> «Si levantara la mano de mi mujer de la cabeza del niño y lo tomase en mis brazos, ella se despertaría e impediría mi partida. Primero me volveré un buda y después regresaré y veré a mi hijo.» A continuación descendió del palacio.

El príncipe Gotama abandona el palacio de noche y se dirige a lo desconocido. Aquella noche parece un símbolo de un versículo del *Bhagavad Gita*.

> En la obscura noche de todos los seres despierta a la luz el hombre tranquilo, pero lo que para otros seres es el día para el sabio que ve es la noche. 2.69

Es la noche de San Juan de la Cruz (1542-1591), cuando en uno de los poemas más sublimes de la literatura universal, nos dice que el alma «con ansias en amores inflamada» abandona su casa en plena obscuridad, en una noche silenciosa, y va en busca de su gran aventura:

Sin otra luz y guía
sino la que en el corazón ardía.

Buda partió en busca de la gran aventura de todos los hombres que anhelan vida y, «tras ponerse manos a la obra», no volvió a mirar atrás. Su esfuerzo espiritual duró seis largos años hasta que por fin se sentó, desesperado, bajo el árbol *boda* con la heroica determinación de morir o encontrar la vida eterna. Su heroísmo tuvo recompensa. Durante aquella noche, Buda vio la Rueda del Devenir, las cuatro grandes verdades, la senda de las ocho perfecciones, la senda del medio y por fin el nirvana, la verdad.

¿Cuál es la verdad que, según nos dice, encontró Buda? Otros guías espirituales dicen que encontraron la verdad. La razón nos dice que la verdad debe ser una. Sabemos que la ciencia está en perpetua evolución, pero que el espíritu científico que guía al mundo científico en su gran aventura es uno. Sabemos que hay grandes poemas compuestos en lenguas del pasado y del presente, que son poesía, pero que el espíritu de esta es uno. Sabemos que hay muchos libros sagrados y religiones diferentes, pero, si leemos los libros sagrados detenida y espiritualmente, vemos que lo más elevado que hay en ellos, sus elementos más espirituales y morales, es uno. Y sabemos que, pese a la existencia de numerosos países y razas, hay algo en el espíritu del hombre que una persona sensible siente como uno. La verdad del Universo debe ser una, exactamente como el espíritu de la ciencia, la poesía, la religión y la humanidad es uno. ¿Es el Uno que Buda y los mayores guías espirituales encontraron? «Busca y encontrarás.»

La ciencia camina por la Tierra. La poesía vuela por encima de ella. Las dos son necesarias para el avance del hombre, pero su avance es su peregrinaje y este es su devenir. Allende el devenir, está el Ser y de este procede el amor y lo bueno y lo hermoso, pero no se pueden ver el amor ni lo bueno ni lo hermoso con el telescopio o el microscopio. Esa es la razón por la que la poesía del pasado nunca queda anticuada, a diferencia de la ciencia del pasado.

Buda encontró el nirvana, la unión de lo finito con lo infinito, esa verdad que, según el *Upanishad Kena*, «llega al pensamiento de quienes lo conocen transcendiendo el pensamiento, no a quienes creen que se puede alcanzar con el pensamiento». Es el nirvana citado en el *Bhagavad Gita*, cuando dice:

> El yogui que, señor de sus pensamientos, ora por siempre jamás en esta armonía del alma alcanza la paz del nirvana, la paz suprema que hay en mí. 6.15

Y también en el último versículo del segundo capítulo:

> Esto es lo Eterno en el hombre, Arjona. Al alcanzarlo, todas las falsas ilusiones desaparecen. Incluso en el último momento del hombre en la Tierra, puede alcanzar el nirvana de Brahma: el hombre puede tener paz en la paz de su Dios.

Cuenta la tradición que, cuando Buda encontró el nirvana bajo el árbol *boda*, vertió su gozo de la liberación en los dos famosos versículos del *Dhammapada*:

> He recorrido en vano los ciclos de muchas vidas sin cesar de esforzarme por encontrar al constructor de la casa de la vida y de la muerte. ¡Qué grande es la pena de la vida que debe morir!
> Pero ahora te he visto, constructor de la casa. Nunca más construirás esa casa. Las vigas de los pecados están rotas, la cumbrera de la ignorancia está destruida. La fiebre del ansia es cosa del pasado, pues mi alma mortal ha desaparecido en el gozo del nirvana inmortal. 153, 154

La descripción del nirvana ofrecida por Buda en la octava *Udana* es comparable con la del cuarto estado de la conciencia del *Upanishad Mandukya* y con las cuatro fases de la oración de Santa Teresa:

> Hay, hermanos, un estado en el que la tierra, el agua, el fuego y el aire no existen, en el que no hay ni conciencia ni espacio ni un vacío. No hay ni este mundo ni un mundo allende él, no hay el sol ni la luna. No es una llegada ni una ida ni un permanecer inmóvil ni una caída ni un ascenso.
>
> Es el fin de la pena. Es el nirvana.
>
> Hay también, hermanos, lo no nacido, no advenido, no hecho. Si no existiera, no habría refugio de lo nacido, lo advenido, lo hecho.
>
> Ese es el fin de la pena. Es el nirvana.

Santa Teresa (1515-1582) describe en términos cristianos cuatro formas de oración comparables con lo que nos dicen los *Yoga Sutras* o con las meditaciones budistas. Dice que hacemos un jardín en el que plantamos las semillas de nuestras buenas obras en la vida. Se debe regar ese jardín con las aguas del amor. Podemos obtener esas aguas de cuatro formas: de un pozo con cubos, un modo laborioso; recurriendo a la rueda de un molinete, una máquina para sacar agua; mediante las aguas de un riachuelo; o mediante la lluvia procedente del cielo, la más fácil. Las cuatro formas corresponden a la evocación, la meditación, la contemplación y la unión.

La evocación requiere atención y concentración. Cuando es pura, desinteresada, espontánea, supera el placer y alcanza el gozo, el gozo del amor.

La segunda fase es la meditación: la cabeza piensa, pero los pensamientos se limitan a un objeto determinado. En esa fase encontramos el uso del pensamiento en todas sus formas. La mayor parte del pensamiento, incluidas sus vertientes científica, erudita y filosófica, pertenece a la segunda fase. Cuando el pensamiento es claro y se usa para algo bueno y hermoso, encontramos el gozo de la meditación y ese gozo es también amor.

En la tercera fase hay contemplación, una fase mucho más elevada. Santa Teresa la llama «oración de la quietud». Es un silencio de la mente. Estamos en la región de la poesía y del arte, donde hay mayor gozo y amor. No se puede alcanzar mediante el pensamiento, porque el pensamiento es sonido, no silencio, y solo el silencio en la eternidad puede superar el silencio en el tiempo. El conocimiento resultante de la contemplación aparece descrito en el *Bhagavad Gita*:

> Cuando vemos la eternidad en las cosas perecederas y la infinitud en las cosas finitas, hemos alcanzado el conocimiento puro. 18.20

La contemplación supera el pensamiento y es una fase superior del gozo y del amor. El silencio de la contemplación hizo posibles versículos como aquellos con los que comienza la «Oda a una urna griega» de Keats:

> *Thou still unravish'd bride of quietness,*
> *Thou foster-child of Silence and slow Time...* *

Por sí solo, el pensamiento nunca puede crear esos versículos de maravilla silenciosa ni por sí solo entenderlos.

Santa Teresa llama a la cuarta fase «oración de la unión». Supera la concentración o la evocación, la meditación y la contemplación: es la culminación de la mayor elevación que puede alcanzar el hombre. En ese estado, su devenir se ha detenido y es puro ser. Así lo siente Wordsworth cuando dice en su «Divagación sobre la abadía de Tintern»:

---

* Tú, aún no gozada esposa de la quietud; / tú, hija adoptiva del silencio y el tiempo lento...

> *That serene and blessed mood,*
> *In which the affections gently lead us on,*
> *Until, the breath of this corporeal frame*
> *And even the motion of our human blood*
> *Almost suspended, we are laid asleep*
> *In body, and become a living soul;*
> *While with an eye made quiet by the power*
> *Of harmony, and the deep power of joy,*
> *We see into the life of things.* *

En momentos de Ser es cuando el hombre ha encontrado ESO que supera las palabras y el pensamiento y lo ha llamado Brahma, Atma, Elohim, Dios, Nirvana, Tao, Alá u OM, sílaba que, según los *Upanishads*, incluye todos los nombres y otras palabras sagradas.

En un estado de contemplación y unión, el conocedor y lo conocido son una y la misma cosa. La conciencia del yo ha desaparecido: el pintor del árbol se ha vuelto el árbol. En el estado normal de conciencia, la mente es como una lámpara que parpadea con los vientos del tiempo, pero en una suprema unidad:

> Entonces su alma es una lámpara cuya llama es continua, pues arde en un abrigo en el que no soplan vientos. *Bhagavad Gita* 6.19

El gran erudito espiritual japonés Dr. Daisetz T. Suzuki (1871-1966) escribió dos días antes de su muerte una Introduc-

---

* Ese sereno y bendito estado de ánimo / en el que los afectos nos guían, apacibles, / hasta que, con el aliento de este armazón corpóreo / e incluso el movimiento de nuestra sangre humana / casi suspendidos, quedamos dormidos / en el cuerpo y nos volvemos un alma viva, / mientras con ojos sosegados por obra / de la armonía y el intenso influjo del gozo / vemos la vida de las cosas.

ción al libro *Una flor no habla* del reverendo Zenkei Shibayama y lo que dice resulta pertinente a este respecto:

> El zen nos enseña que, para entender que una montaña es una montaña al modo del zen, primero hay que negar la experiencia —una montaña no es una montaña— y solo cuando se entiende esa negación se hace realidad la afirmación «una montaña es una montaña».

La gran misión del hombre en la Tierra es la de ver lo real tras la apariencia de los sueños en vela, descritos por Shakespeare en *La tempestad*:

> *Be cheerful, Sir,*
> *Our revels are now ended. These our actors,*
> *As I foretold you, were all spirits, and*
> *Are melted into air, into thin air:*
> *And, like the baseless fabric of this vision,*
> *The cloud capp'd towers, the gorgous palaces,*
> *The solemn temples, the great globe itself,*
> *Yea, all which it inherit, shall dissolve,*
> *And, like this insubstantial pageant faded,*
> *Leave not a rack behind. We are such stuff*
> *As dreams are made on; and our little life*
> *Is rounded with a sleep.* *

En cuanto al gozo sentido en la elevada oración de la unión, el *Upanishad Chandogya* dice:

---

* Recobra el ánimo. / Nuestra fiesta ha terminado. Nuestros actores, / como te anuncié, eran espíritus y / se han esfumado en el aire / y, como la inmaterial esencia de esta visión, / las torres envueltas en nubes, los magníficos palacios, / los templos solemnes, el gran planeta mismo / y todo lo que lo integra se disipará / y, así como esta función irreal se ha desvanecido, / no dejará testigo alguno tras sí. Somos / de la misma substancia que los sueños y nuestra breve vida / acaba en el sueño eterno.

Donde hay creación hay avance. Donde no hay creación no hay avance: conoce la naturaleza de la creación.

Donde hay gozo hay creación. Donde no hay gozo no hay creación: conoce la naturaleza del gozo.

Donde hay el infinito hay gozo. No hay gozo en lo finito.

Al describir la fase de contemplación, «Oración de la quietud», Santa Teresa dice:

Comiénzase luego, en llegando aquí, a perder codicia de lo de acá, ¡y pocas gracias!, porque ve claro que un momento de aquel gusto no se puede haber acá ni hay riquezas ni señoríos ni honras ni deleites que basten a dar un cierra ojo y abre de este contentamiento.

(*Vida*, cap. 14.5)

Sobre la oración de unión, lo único que puede decir es lo que quienes han alcanzado un estado que supera las palabras pueden decir:

Ahora vengamos a lo interior de lo que el alma aquí siente. Dígalo quien lo sabe, que no se puede entender, ¡cuánto más decir!

Y según el *Upanishad Taittiriya*:

Las plegarias y la mente se dirigen a él, pero no lo alcanzan y regresan. Ahora bien, quien conoce el gozo de Brahma deja de temer.

En la unión con el ser, los *Upanishads* encontraron un estado que no es «ni la conciencia externa ni la interna ni semiinconsciencia ni inconsciencia», un estado que es «paz y amor». Buda encontró en el nirvana un estado «en el que no hay ni conciencia ni espacio ni vacío. No es una llegada ni una ida ni un permanecer inmóvil ni una caída ni un ascenso».

San Juan de la Cruz dice que, cuando el alma está en unión, ve el esplendor de Dios como muchas lámparas de fuego sus cualidades: amor, omnipotencia, sabiduría, gracia, justicia y muchas otras. Todas las lámparas de fuego se funden con la Lámpara del Ser de Dios.

De modo que, como vemos, al final de la senda, todos han encontrado al Uno que está en muchos y hasta el que todos podemos ir.

Lo bueno y lo hermoso son los dos grandes ideales de la antigua Grecia, el καλός καί αγαθός. Plotino (205-270 a. C.) lo expresa en su filosofía:

> Hacer que nuestra alma sea buena y hermosa es hacernos como Dios, porque Dios es belleza.
>
> La fealdad es lo mismo que el mal: es contraria a la belleza y a la bondad.

El amor de lo hermoso, la verdadera religión de Grecia, fue expresado por Keats en palabras inmortales:

> *Beauty is truth, truth beauty – that is all*
> *Ye know on earth, and all you need to know.* *

Keats había visto el espíritu de la belleza en todas las cosas y sabía que dicho espíritu es la verdad: ese fue su conocimiento supremo en la Tierra y eso fue lo único que necesitaba saber. Ver la belleza de la naturaleza y del arte es ver la verdad del arte

---

* La belleza es verdad; la verdad, belleza: eso es lo único / que sabemos en la Tierra y que necesitamos saber.

y la naturaleza y ver la belleza del Universo es ver su verdad. Cuando, en su búsqueda de Dios, San Agustín pregunta a los Cielos y a la Tierra, exclama: «Mis preguntas a ellos dirigidas eran mi pensamiento y su respuesta fue su belleza». Fue la concepción del poeta hebreo:

> Los cielos declaran la gloria de Dios
> y el firmamento proclama la obra de Sus manos.

El auténtico profeta espiritual es un poeta, ya componga versos o no, y un resplandor de belleza brilla sobre sus palabras: pensemos en la belleza de las palabras de Jesús y de su vida como una vida de belleza. Oigamos a Buda, las palabras de Buda:

> Cuentan que en cierta ocasión Ananda, el amado discípulo de Buda, saludó a su maestro y dijo: «La mitad de la vida sagrada, maestro, es la amistad con lo hermoso, la asociación con lo hermoso, la comunión con lo hermoso».
>
> «¡No digas eso, Ananda! ¡No digas eso!», respondió el maestro. «No es la mitad de la vida sagrada. Es la totalidad de la vida sagrada.»

> «Algunos», dijo Buda, el maestro, «me han acusado de pronunciar estas palabras:
>
> »"Cuando alcanzamos la liberación llamada belleza y nos atenemos a ella, consideramos feo todo el Universo".
>
> »Pero nunca he dicho esas palabras. Esto es lo que digo:
>
> »"Cuando alcanzamos la liberación llamada belleza, sabemos en verdad lo que es la belleza."»

Del Samyuta y Digha Nikaya

El amor es belleza y la belleza es verdad y esa es la razón por la que en la belleza de una flor podemos ver la verdad del Universo. Así habla Buda del amor en *Majihima Nikaya*:

> En cierta ocasión Buda habló así a sus discípulos: «Las palabras que os dirijan los hombres pueden ser de cinco clases: en el momento oportuno o en el inoportuno, verdaderas o falsas, dulces o agrias, provechosas o inútiles, amables o resentidas.
>
> Si hablan mal de vosotros, esto es lo que debéis pensar: "Nuestro corazón no vacilará y lo soportaremos con compasión, con afecto, sin resentimiento. Pensaremos en el hombre que hable mal de nosotros con pensamientos de amor y nos atendremos a nuestros pensamientos de amor y desde esa morada del amor llenaremos el mundo entero con un amor transcendental, omnipresente, ilimitado".
>
> Además, si unos ladrones os atacaran y os cortasen en pedazos con una sierra, miembro a miembro, y uno de vosotros sintiera odio, este no sería un discípulo de mi evangelio».

Los *Upanishads* son la senda de la luz; el *Bhagavad Gita* es la senda del amor; el *Dhammapada* es la senda de la vida. Buda rehuyó las preguntas metafísicas. Podría haberlas respondido con las palabras de Jesús: «Primero buscad el Reino de Dios y su rectitud y todo lo demás os será dado por añadidura». Así, pues, las enseñanzas de Buda están exentas de metafísica. Dice simplemente:

> No hagáis el mal. Haced el bien. Mantened pura vuestra mente. Esa es la enseñanza de Buda. *Dhammapada* 183

Se dice que en cierta ocasión un militar emprendió un largo viaje para ver a un santo discípulo de Buda y preguntó si le podía enseñar el mensaje de Buda. La respuesta fue esta: «No hagas el mal. Haz el bien. Mantén puros tus pensamientos. Esa es la enseñanza de Buda». – «¿Es eso todo?», dijo el militar. «Cualquier niño de cinco años lo sabe.» – «Puede que sí, pero pocos hombres de ochenta años saben practicarlo», fue la respuesta que recibió.

La primera de las grandes verdades de Buda, la de que «todo es transitorio» y, por tanto, todo es aflicción, ha formado parte a lo largo de los años de la concepción del hombre expresada en las memorables palabras del Eclesiastés: «Vanidad de vanidades, dijo el predicador, vanidad de vanidades y todo es vanidad». Pero Buda expresa con toda claridad la idea de que solo la vida transitoria es vanidad, no la vida eterna, o esos momentos de vida eterna que podemos disfrutar en nuestra vida transitoria.

En la segunda de sus grandes verdades es en la que Buda hace su profunda contribución espiritual y psicológica al problema del hombre: la causa de que el hombre sufra, sometido a lo transitorio, a las cosas que desaparecen, es la de que se aferra a lo transitorio, ansía cosas que desaparecen, con lo que olvida lo eterno omnipresente en él. Algunos hombres de todas las épocas han anhelado la eternidad y la han alcanzado, pero han sido muy pocos. Cuando una luz vista por unos pocos se vuelva la luz de muchos, el hombre podrá alcanzar la plenitud en esta Tierra. Entretanto, no podemos por menos de ver la verdad de la Canción de Dios:

> Entre miles de hombres tal vez uno se esfuerce por alcanzar la perfección y entre miles de los que se esfuerzan tal vez uno me conozca de verdad. *Bhagavad Gita* 7.3

Buda atribuye al deseo vehemente la causa del sufrimiento y a la falta de él la fuente de la liberación. En cuanto a las sencillas y necesarias necesidades terrenales, las palabras de Jesús podrían ser las de Buda: «Buscad primero el Reino».

Al liberarse de la ansiedad del deseo, nace la paz en el hombre y entre los hombres. La falta de deseos es una connotación de la sabiduría que impregna la visión espiritual. El *Gita* lo presenta como una condición absoluta para la liberación:

> Cuando un hombre renuncia a todos los deseos que abriga su corazón y con la gracia de Dios encuentra el gozo de Dios, su alma ha alcanzado en verdad la paz. 2.55

Pero el *Bhagavad Gita* expresa con toda claridad la absoluta diferencia existente entre el deseo y una buena voluntad y así Krishna dice:

> Yo soy el poder de todos los fuertes, cuando está exento de pasiones y deseos egoístas. Yo soy deseo, cuando este es puro, cuando no es contrario a la rectitud. 7.11

La gran batalla del *Bhagavad Gita*, la batalla de la vida, es la de deseos encontrados, por lo que se nos dice: «Sé un guerrero y mata el deseo, el potente enemigo del alma». 3.43

San Juan de la Cruz dice que todos los deseos voluntarios, grandes o pequeños, o incluso los menores, obstaculizan la unión, porque la comunión es la transformación de la voluntad del hombre en la voluntad de Dios y el menor deseo egoísta es una división, una separación.

En el *Samyuta Nikaya*, leemos esta historia:

> El sufrimiento, la causa del sufrimiento, el fin del sufrimiento y la senda que conduce al fin del sufrimiento: esas son las cuatro verdades de Buda.
>
> El hijo de Malunkya era viejo y estaba deseoso de conocer la doctrina de Buda en pocas palabras. Fue hasta el Maestro, quien le preguntó:

«Hijo de Malunkya, ¿sientes un deseo devorador de cosas que nunca has visto, no ves y no quieres ver en el futuro?»

«No, Maestro.»

«¿Sientes un deseo devorador de cosas de las que no has oído hablar, no oyes hablar y no quieres oír hablar?»

«No, Maestro.»

E igual se podría preguntar por los demás sentidos. «Veamos, ¿sientes algún deseo devorador de cosas en las que nunca hayas pensado, ni piensas ni quieres pensar en el futuro?»

«No, Maestro.»

«Así como no sientes un deseo devorador de cosas inexistentes en tus pensamientos o en tus sentidos, no desees tampoco cosas existentes en tus sentidos y tus pensamientos. Esa es la senda que conduce al fin del sufrimiento.»

«He entendido, Maestro.»

Y el hijo de Malunkya vio la verdad y se separó del Maestro con gozo en el corazón.

Rabindranath Tagore canta la pena del hombre:

«Prisionero, dime: ¿quién fue quien te ató?»

«Fue mi amo», dijo el prisionero. «Creí que podía superar a todo el mundo en riqueza y poder y amasé en mi tesoro el dinero debido a mi rey. Cuando me venció el sueño, me tumbé en la cama destinada a mi señor y, al despertar, me vi preso en mi propio tesoro.»

«Prisionero, dime quién forjó esa cadena irrompible.»

«Fui yo», dijo el prisionero, «quien forjó esa cadena muy cuidadosamente. Creí que mi poder invisible mantendría cautivo el mundo y me dejaría libre y tranquilo. Así trabajé día y noche en dicha cadena con fuegos enormes y crueles y fuertes martillazos. Cuando el trabajo estuvo por fin hecho y los eslabones estuvieron completos y resultaron irrompibles, descubrí que me tenía preso.»

El *Tao Te King* sugiere la eliminación de los deseos y la paz de la liberación:

> Sin salir de mi casa,
> Puedo conocerlo todo del mundo.
> Sin asomarme a mi ventana,
> Puedo conocer los designios del Cielo.
>
> Pues cuanto más lejos se viaja,
> Menos conocimiento se obtiene.
>
> Así, pues, el sabio
> Llega sin viajar,
> Ve todo sin mirar,
> Lo hace todo sin actuar. 47

La senda del medio de Buda nos ayuda a entender por qué ha de haber paz sin ansia, sin deseos. Dicha senda del medio es el estrecho sendero de la perfección que conduce a la cumbre de la montaña sagrada, representada en las primeras ediciones de las obras de San Juan de la Cruz. A la derecha, se encuentra la senda indebida que conduce al deseo de las cosas de la Tierra y, a la izquierda, la senda indebida que conduce al deseo de las cosas del Cielo. Dos versículos del *Bhagavad Gita* podrían referirse a esas dos sendas indebidas:

> Hay hombres que carecen de discernimiento y, sin embargo, pronuncian muchas palabras. Siguen los Vedas a la letra y dicen: «Solo hay esto».
>
> Su alma está desviada hacia los deseos egoístas y su Cielo es un deseo egoísta. Imploran placer y poder, cuya recompensa es el renacer en la Tierra. II. 42-43

Pero en el centro está la estrecha senda que conduce a la cumbre de la montaña. Dicha senda sugiere una armonía en la vida: «No es para quien come demasiado ni para quien come demasiado poco; no es para quien duerme demasiado poco ni para quien duerme demasiado», como dice el *Gita* en 6.16. Es una senda de perfección, como explica Buda en esta historia:

> Sona Kolivisa era hijo de un rico comerciante que había ingresado en una orden de monjes budistas. Por exceso de celo, había caminado sobre espinos y la senda por la que caminaba estaba cubierta de sangre. Después pensó: «¿Y si regresara a mi casa y utilizase mi riqueza para hacer buenas obras?».
>
> Buda, el Maestro, conocía sus pensamientos y fue hasta él y le preguntó:
>
> «Cuando estabas en tu casa, Sona, ¿sabías tocar el laúd?»
>
> «Sí, Maestro.»
>
> «Cuando las cuerdas del laúd estaban demasiado tensas, ¿emitía tu laúd los sonidos idóneos?»
>
> «No, Maestro.»
>
> «Cuando las cuerdas de tu laúd no estaban ni demasiado tensas ni demasiado flojas, el laúd emitía los sonidos idóneos, ¿no es así?»
>
> «Así es, Maestro.»
>
> «Aun así, Sona, un exceso de celo propicia la autoexaltación y una falta de celo propicia la indolencia: ten mesura en tu celo, domina tus capacidades con armonía. Esa debe ser tu meta.»
>
> Y Sona Kolivisa oyó las palabras del Maestro y las obedeció y, al cabo de poco, alcanzó el nirvana.

¿Y qué encontramos en la cumbre de la montaña de Dios? Por el sendero encontramos la palabra «nada» escrita cinco veces: «Nada, nada, nada, nada, nada». Y en el monte está escrito: «Y en el monte nada».

El sendero que no conduce a *nada* es el sendero del infinito. citado en el *Tao Te King*: «Sumérgete en el Vacío y descansa en su quietud». Es el famoso *sunyata* del budismo. San Juan de la

Cruz quiere expresar con claridad la importancia de la nada, en sus sentidos positivo y negativo:

> Para venir a gustarlo todo,
> no quieras gustar algo en nada.
> Para venir a saberlo todo,
> no quieras saber algo en nada.
> Para venir a poseerlo todo,
> no quieras poseer algo en nada.
> Para venir a serlo todo,
> no quieras ser algo en nada.

«Subida al monte Carmelo»

El padre A. Baker (1575-1641) lo explica con estas palabras:

> Nada y nada dan nada. Conviene entender y tener presente esta máxima mística procedente de la práctica matemática, en la que la suma de dos cifras nulas da, como he dicho, un resultado nulo: «Nada más nada da nada».
>
> Se trata de un estado de unión perfecta, denominado por algunos estado de nada y por otros, por la misma razón, estado de plenitud.

«Pero el Espíritu no es esto, no es esto», dice el *Upanishad Brihad-Aranyaka*.

Sunyata procede de una raíz verbal sánscrita, SE, que tiene el significado negativo de «vacío» y el significado positivo de «lleno». Encontramos la idea de vacío en el *Dhammapada*: «Vacía la barca de tu vida», 369, y también cuando dice:

> Cuando, con la mente en paz silenciosa, un monje entra en su casa vacía, siente el gozo sobrenatural de contemplar la luz de la verdad. 373

Lo indica claramente el versículo noventa y tres:

> ¿Quién puede trazar la invisible senda que se eleva por el cielo de la liberación, el vacío infinito y sin principio?

Cuando se compiló el *Dhammapada*, probablemente durante el tercer siglo antes de Cristo, puede que se recurriera a algunas ideas comunes del pensamiento indio y puede que versículos originales del *Dhammapada* acabaran incluidos en escrituras hindúes. Si elegimos algunos versículos del *Hitopadesa*, podemos encontrar en ellos el espíritu de ironía amable y sabiduría que vemos en algunos versículos del *Dhammapada*:

> ¿De qué pueden servir las palabras sabias a un necio? ¿De qué sirve una lámpara a un ciego?
>
> Oíd la esencia de miles de libros sagrados: ayudar a los demás es una virtud; dañar a los demás es un pecado.
>
> Un hombre se eleva o se abate por sus propias acciones: como quien construye un muro o cava un pozo.
>
> El estrecho de miras piensa y dice: «Este hombre es uno de los nuestros; este no lo es: es un extraño. Para el hombre de alma noble toda la Humanidad es una sola familia».

Pero tanto los doctos como los discípulos aceptan que el espíritu del *Dhammapada* es el de Buda.

Buda quiere que detengamos la rueda de la transmigración para que podamos descansar en el corazón del Ser. Quiere que sigamos la senda del medio, que es la del *Bhagavad Gita*, y seamos plenamente conscientes de las cuatro grandes verdades y comencemos, así, a seguir la gran senda. El suyo es un mensaje de vida, de vida aquí y ahora, en este momento mismo, para que todos los instantes de nuestra vida sean avances por la senda de la perfección. Respecto de las cuestiones metafísicas nada dice, con lo que da a entender, metafísicamente, que lo Supremo es inefable. Cuando se le pregunta si el hombre vive después de la muerte, su respuesta podría ser la de uno de sus discípulos:

> Mientras vive, no sabemos si es el cuerpo o está en el cuerpo o es algo diferente del cuerpo: ¿cómo vamos a saber si después de la muerte del cuerpo está muerto?

Buda quiere que sintamos la urgencia de solucionar nuestro problema espiritual y recurramos a nuestra razón para solucionar nuestro problema moral. Hay una antigua plegaria india que podría ser universal para los hombres:

> Que el hombre malo se vuelva bueno y que el bueno encuentre la paz. Que quien tenga paz sea libre y quien sea libre haga libres a los demás.

Un versículo del *Dhammapada* expresa esa sensación de urgencia:

> ¿Cómo puede haber risa, cómo puede haber placer, cuando el mundo entero está ardiendo? Cuando estás en una profunda obscuridad, ¿acaso no pedirás una lámpara? 146

El *Dhammapada* es una lámpara. Pensemos en los dos primeros versículos que nos dicen que, si un hombre tiene una mentalidad pura, el gozo lo acompaña, pero que, si la tiene impura, lo acompaña el sufrimiento. El espíritu de dichos versículos aparece expresado en el *Upanishad Maitri*:

> El *Samsara*, la transmigración de la vida, se produce en nuestra cabeza. Por tanto, debemos conservarla pura, pues nos volvemos lo que pensamos: ese es el misterio de la eternidad.

Las palabras sánscritas con que comienza esa oración podrían ser un lema para un libro de psicología: *Cittam eva hi Samsaram* («La mente es *samsara*»). Todo momento de nuestra vida es una nueva vida y una antigua muerte: morimos en un pasado desaparecido y revivimos en un futuro por venir, por lo que nuestra vida en esta Tierra es una transmigración perpetua.

La senda trazada por Buda tiene ocho etapas, que son ocho perfecciones. Desde las melodías y armonías del trayecto llegamos al silencio del nirvana.

El *Upanishad Maitri* dice:

> El sonido de Brahma es OM. Al final de OM, hay silencio. Es un silencio de gozo. Es el fin del trayecto, donde el miedo y la pena han dejado de existir: estable, inmóvil, inagotable, perenne, inmortal.
>
> Para llegar hasta el Altísimo, téngase en cuenta con admiración el sonido y el silencio de Brahma, pues está dicho que «Dios es sonido y silencio. Su nombre es OM. Así, pues, alcáncese la contemplación: la contemplación en silencio de Él».

Los primeros versículos del *Dhammapada* nos muestran el comienzo de la senda. En ellos se ofrece una ley de gravitación espiritual con una sencillez sublime. Una mentalidad pura hace posible profesar opiniones rectas, la primera etapa de la senda. Una mentalidad pura es como un espejo claro que refleja las cosas, pero no les quita nada y las ve todas a la misma luz. Esa mentalidad pura está expresada en estas palabras de Krishna: «Soy el mismo para todos los seres y mi amor es siempre igual». 9.29

La sugieren las palabras de Jesús: «Si quien oyere mis palabras no las creyere, no será juzgado por mí». Juan 12.47

Si preguntamos qué es lo recto, podemos contestar con las palabras del *Dhammapada*:

> El perfume de las flores no va contra el viento, ni siquiera
> el del sándalo, la adelfa o el jazmín, pero el perfume de la vir-
> tud se propaga contra el viento y alcanza todos los confines
> del mundo. 54

En la primera etapa de la senda, encontramos también las cuatro virtudes cuyo perfume «alcanza todos los confines del mundo», las cuatro grandes virtudes del budismo y, en realidad, de toda religión espiritual o de todo humanismo: *Maitri, Karuna, Mudita, Upeksha. Maitri —Metta* en pali— es amabilidad, buena voluntad, benevolencia, amor, afecto para todos. *Karuna* es compasión, piedad, pena por el sufrimiento de todos. *Mudita* es alegría del bien para todos. *Upeksha* es perdón, olvido de las faltas de todos. Esas virtudes ayudan al hombre a entrar en la senda y son sus mejores amigas durante el trayecto.

«Opiniones rectas» es una visión pura de las cuatro grandes verdades.

La segunda etapa es la *recta determinación*. Vemos la estrella sobre la senda de la perfección y decidimos seguirla, recordando las palabras del *Upanishad*: «Un hombre llega con sus acciones hasta el fin de su determinación». Como la vida espiritual es una, podemos citar las palabras de Jesús: «Ningún hombre que haya puesto su mano sobre el arado y vuelva la vista atrás es digno del Reino de Dios».

La tercera etapa es las *palabras rectas*. El *Bhagavad Gita* dice:

> Palabras que infunden paz, palabras buenas, hermosas y
> verdaderas, y también la lectura de libros sagrados: esa es la
> armonía de las palabras. 17.15

Y el *Dhammapada* nos dice: «Mejor que mil palabras inútiles es una sola palabra que infunda paz».

Buda define las palabras rectas como «palabras dichas en el momento oportuno, verdaderas, provechosas y amables». El ideal de la verdad es absoluto. Solo la verdad puede salvar al hombre.

La cuarta etapa es las acciones rectas. Es el Karma Yoga del *Bhagavad Gita*: una labor buena y pura como ofrenda de amor. Es la realización del versículo hindú de la sabiduría:

> Escuchad la esencia de miles de libros sagrados: ayudar a los demás es una virtud; dañar a los demás es un pecado.

Es el cumplimiento de las sublimes palabras de Jesús: «Haz el bien a quienes te odian».

La quinta etapa es los *medios rectos* para el sustento de la vida propia o *medio recto de subsistencia*.

El hombre que sigue el *dhamma* de Buda o, en realidad, el *dhamma* de los grandes maestros espirituales, no puede ganarse la subsistencia trabajando para la producción y la utilización de cosas inútiles, perjudiciales o malignas. Solo una luz interior y un heroísmo espiritual pueden ayudar al hombre a elevar su moral colectiva.

La sexta de las ocho etapas de la senda, la de las perfecciones que, como olas espirituales, impulsan al hombre hacia la costa del nirvana, es el *esfuerzo recto*.

El esfuerzo recto significa la tensión y la relajación rectas. En la concentración significa la atención recta centrada en algo, mientras se da una relajación de todo lo no relacionado con el objeto de atención. Todo esfuerzo recto lo es en el sentido de que nunca pensamos que sea un esfuerzo. Los hombres sabios de todos los tiempos han comprendido esa verdad. Epicteto (60-140 d. C.) escribe:

> Has de saber que nada hay más fácil que dirigir el alma humana. Basta con la voluntad para que así sea: el alma se encuentra en la senda recta. De lo contrario, con un simple asen-

timiento todo se pierde, pues la ruina y la recuperación proceden de su interior.

Debemos aprender la paradoja de que no querer pensar en algo es, en realidad, estar pensándolo y que, mientras creemos que constituye un esfuerzo desechar pensamientos o hábitos indeseables, lo convertimos en un esfuerzo.

La séptima etapa es el *recuerdo recto*, una atención mental recta, un recuerdo permanente de la senda, una vigilancia silenciosa de la vida.

En el segundo capítulo del *Dhammapada* se lo encomia como «la senda de la inmortalidad» y en el capítulo decimotercero está expresado así: «¡Levántate! Vigila. Recuerda y no olvides».

Jesús dice: «Vigilad y orad». San Juan de la Cruz habla de «silencio y trabajo». En nuestra obscuridad recordamos las palabras de Isaías:

> Vigilante, ¿qué hay de la noche? Vigilante, ¿qué hay de la noche? El vigilante respondió: «La mañana llega y después la noche. Preguntad, si lo deseáis: volved, venid». 21.11-12

La senda espiritual es una vigilancia, una inquisición y un regreso.

La última de las ocho olas de vida espiritual que nos llevan hasta la otra orilla recibe el nombre de *samadhi* («comunión»). Es la comunión final de lo finito con lo infinito, el fin del trayecto mencionado en el *Dhammapada*: «El viajero ha llegado al final del recorrido». 90

La palabra SAM-A-DHI procede de la raíz DHA, que significa mantenerse en un lugar. Con el prefijo SAM y A, *Samadhi* indica una unión, una comunión: la unión con Brahma de los *Upanishads*, la unión con Dios de los místicos cristianos, la unión con el nirvana de Buda.

Las cuatro etapas del *samadhi* citadas en las escrituras budistas nos recuerdan las cuatro fases de la oración de Santa Teresa. La primera etapa del *samadhi* es el pensamiento puro, el recuerdo y la meditación, y le sigue el cese del pensamiento, la contemplación. En esas dos etapas hay una conciencia profunda de gozo y paz. En la tercera etapa del *samadhi* budista, la «oración de la quietud» de Santa Teresa, la conciencia del gozo común a las dos primeras etapas desaparece, pero aún hay una conciencia de paz, un resto de conciencia del «yo» en el tiempo. El peso del yo en esa etapa es muy leve, pero aún perdura en el hombre, hasta que se alcanza el NIRVANA en la cuarta etapa y el peso del yo, el peso de la vida, se ha desvanecido por siempre jamás y el hombre es libre:

> ¡El viajero ha alcanzado el fin del trayecto! En la libertad del infinito está libre de todas las penas, los grilletes que lo mantenían atado han saltado y ha desaparecido la ardiente fiebre de la vida.
>
> *Dhammapada,* 90

El mensaje de Buda se encuentra en el *Dhammapada* y oírlo es un gozo:

> Como un lago puro, apacible y profundo se vuelve el alma del sabio que oye las palabras del *dhamma*.
>
> *Dhammapada,* 82

Y las palabras del *dhamma* son verdaderas.

El de Buda es un mensaje de gozo. Encontró un tesoro y quiere que nosotros sigamos la senda que conduce hasta él. Dice al hombre que vive inmerso en una profunda obscuridad, pero también le dice que hay una senda que conduce hasta la luz. Quiere que nos elevemos de una vida de sueños a una vida más alta, en la que el hombre ama y no odia, en la que el hombre ayuda y no hiere. Su llamada es universal, porque apela a la razón y a lo universal que hay en nosotros: «Sois vosotros los que debéis hacer el esfuerzo. Los grandes del pasado se limitan a mostrar el camino». Al situar la verdad espiritual en la prueba decisiva de la experiencia, alcanza una armonía suprema de visión y sabiduría y solo la experiencia puede satisfacer a la mente del hombre moderno. Quiere que vigilemos y estemos despiertos y que busquemos y encontremos.

En el *Dhammapada* podemos oír la voz de Buda. Este evangelio de luz y amor es una de las mayores obras espirituales del hombre. Cada uno de sus versículos es como una estrellita y el conjunto tiene el esplendor de la eternidad.

J. M.
The Retreat
Comberton (Cambridge)
Diciembre de 1971

Dhammapada

I

YAMAKAVAGGA

Cakkhupalatthera Vatthu 1

Manopubbangama dhamma
manosettha manomaya
manasa ce padutthena
bhasati va karoti va
tato nam dukkhamanveti.

Matthakundali Vatthu 2

Manopubbangama dhamma
manosettha manomaya
manasa ce pasannena
bhasati va karoti va
tato nam sukha manveti
chayava anapayini.

Tissatthera Vatthu 3, 4

Akkocchi mam avadhi mam
ajini mam ahasi me
ye ca tam upanayhanti
veram tesam na sammati.

VÍAS CONTRARIAS

1

Lo que somos hoy procede de nuestros pensamientos de ayer y nuestros pensamientos presentes forjan nuestra vida de mañana: nuestra vida es la creación de nuestros pensamientos.

Si un hombre habla o actúa con pensamientos impuros, el sufrimiento lo sigue como la rueda del carro sigue al animal que tira de él.

2

Lo que somos hoy procede de nuestros pensamientos de ayer y nuestros pensamientos presentes forjan nuestra vida de mañana: nuestra vida es la creación de nuestra mente.

Si un hombre habla o actúa con pensamientos puros, la alegría lo sigue, como su sombra.

3, 4

«Me insultó, me ofendió, me derrotó, me robó.» Quienes conciben esos pensamientos no se liberarán del odio.

Akkocchi mam avadhi mam
ajini mam ahasi me
ye ca tam nupanayhanti
veram tesupasammati.

Kalayakkhini Vatthu 5

Na hi verena verani
sammantidha kudacanam
averena ca sammanti
esa dhammo sanantano.

Kosambaka Vatthu 6

Pare ca na vijananti
mayamettha yamamase
ye ca tattha vijananti
tato sammanti medhaga.

Mahakalatthera Vatthu 7, 8

Subhanupassim viharantam
indriyesu asamvutam
bhojanamhi camattannum
kusitam hinaviriyam
tam ve pasahati Maro
vato rukkhamva dubbalam.

«Me insultó, me ofendió, me derrotó, me robó.» Quienes no conciben esos pensamientos se librarán del odio.

5

Pues el odio no se vence con odio: el odio se vence con amor. Esta es una ley eterna.

6

Muchos no saben que estamos aquí, en este mundo, para vivir en armonía. Quienes lo saben no luchan entre sí.

7, 8

A quien solo vive para los placeres y cuya alma no está en armonía, quien no tiene en cuenta lo que come, peca de ociosidad y no tiene capacidad para la virtud, *mara* lo agita y lo mueven las tentaciones egoístas, así como un árbol débil es sacudido por el viento.

Asubhanupassim viharantam
indriyesu susamvutam
bhojanamhi ca mattannum
saddham araddhaviriyam
tam ve nappasahati Maro
vato selamva pabbatam.

Devadatta Vatthu 9, 10

Anikkasavo kasavam
yo vattham paridahissati
apeto damasaccena
na so kasavamarahati.

Yo ca vantakasav'assa
silesu susamahito
upeto damasaccena
sa ve kasavamarahati.

Sariputtatthera Vatthu 11, 12

Asare saramatino
sarec asaradassino
te saram nadhigacchanti
micchasankappagocara.

Saranca sarato natva
asaranca adhigacchanti
te saram adhigacchanti
sammasankappagocara.

Pero quien no vive para los placeres y cuya alma está en armonía consigo misma, quien come o ayuna con moderación y tiene fe y capacidad para la virtud, no se ve agitado por las tentaciones, así como una gran roca no es sacudida por el viento.

9, 10

Si un hombre se pone la pura túnica amarilla con un alma impura, sin armonía consigo mismo ni verdad, no es digno de vestir la túnica sagrada.

Pero aquel que está libre de pecado y cuya alma está ejercitada en la virtud, que vive en armonía consigo mismo en la verdad, es digno de vestir la túnica sagrada.

11, 12

Quienes creen que lo irreal existe y lo real no, perdidos como están en el camino del pensamiento errado, nunca alcanzarán la verdad.

Pero quienes saben que lo real existe y lo irreal no, seguros como van por la senda del pensamiento recto, alcanzarán sin falta la verdad.

Nandatthera Vatthu 13, 14

Yatha agaram ducchannam
vutthi samativijjhati
evam abhavitam cittam
rago samativijjhati.

Yatha agaram suchannam
vutthi na samativijjhati
evam subhavitam cittam
rago na samativijjhati.

Cundasukarika Vatthu 15

Idha socati pecca socati
papakari ubhayattha socati
so socati so vihannati
disva kammakilitthamattano.

Dhammika-upasaka Vatthu 16

Idha modati pecca modati
katapunno ubhayattha modati
so modati so pamodati
disva kammavisuddhimattano.

Devadatta Vatthu 17

Idha tappati pecca tappati
papakari ubhayattha tappati
papam me katanti tappati
bhiyyo tappati duggatim gato.

13, 14

Así como la lluvia atraviesa una casa con techo deteriorado, así también las pasiones atravesarán una mente desprotegida.

Pero, así como la lluvia no atraviesa un techo bien conservado, así tampoco penetran las pasiones en una mente bien protegida.

15

Sufre en este mundo y también en el próximo: quien obra mal sufre en los dos mundos. Sufre y sufre y se lamenta cuando ve el mal que ha hecho.

16

Es dichoso en este mundo y también en el próximo: quien obra bien es dichoso en los dos mundos. Está alegre, siente una gran alegría cuando ve el bien que ha hecho.

17

Desdichado es en este mundo y también en el próximo: el hombre que obra mal es desdichado en los dos mundos. «He obrado mal», así se lamenta y más se lamenta por el camino del pesar.

Idha nandati pecca nandati
katapunno ubhayattha nandati
punnam me katanti nandati
bhiyyo nandati suggatim gato.

Dvesahayakabhikkhu Vatthu   19, 20

Bahumpi ce samhita bhasamano
na takkaro hoti naro pamatto
gopova gavo ganayam paresam
na bhagava samannassa hoti.

Appampi ce samhita bhasamano
dhammassa hoti anudhammacari
raganca dosanca pahaya moham
sammappajano suvimuttacitto
anupadiyano idha va haram va
sa bhagava samannassa hoti.

18

Disfruta de este mundo y también del próximo: quien obra bien disfruta en los dos mundos. «He obrado bien», se dice, jubiloso, y disfruta aún más por la senda del gozo.

19, 20

Si un hombre pronuncia, irreflexivo, muchas palabras sagradas, pero no las plasma en sus acciones, no podrá gozar de la santidad: es como un vaquero que cuenta las vacas de su amo.

En cambio, si un hombre pronuncia unas pocas palabras sagradas, pero las plasma en su vida, libre de pasiones, odio y falsa ilusión, con la visión recta y la mente libre, no codicia nada ahora y en el más allá, sino que lleva una vida de santidad.

APPAMADAVAGGA

Samavati Vatthu 21-23

Appamado amatapadam
pamado maccuno padam
appamatta na miyanti
ye pamatta yatha mata.

Evam visesato natva
appamadamhi pandita
appamade pamodanti
ariyanam gocare rata.

Te jhayino satatika
ni ccam dalhaparakkama
phusanti dhira nibbanam
yogakkhemam anuttaram.

Kumbhaghosakasetthi Vatthu 24

Utthanavato satimato
sucikammassa nisammakarino
sannatassa dhammajivino
appamattassa yaso bhivaddhati.

VIGILANCIA

21-23

La vigilancia es la senda que conduce a la inmortalidad; la negligencia es la senda que conduce a la muerte. Quienes están vigilantes nunca mueren; los que no lo están son ya como muertos.

Quienes con pensamientos claros han comprendido esa verdad —los sabios, que nunca bajan la guardia— sienten el gozo de la vigilancia, el gozo de la senda del Supremo.

Y quienes con pensamiento elevado y profunda contemplación avanzan por la senda con energía inextinguible alcanzan al final el nirvana, la paz suprema y el gozo infinito.

24

El hombre que se yergue con la fe, que no cesa de recordar su elevado propósito, cuya labor es pura y reflexiona sobre ella, y, dueño de sí mismo, lleva una vida de perfección y nunca baja la guardia se elevará con la gloria.

Culapanthaka Vatthu 25

Utthanena' ppamadena
samyamena damena ca
dipam kayiratha medhavi.

Balanakkhattasanghuttha Vatthu 26, 27

Pamadamanuyuñjanti
bala dummedhino jana
appamadañca medhavi
dhanam setthamva rakkhati.

Ma pamadamanuyuñjetha
ma kamaratisanthavam
appamatto hi jhayanto
pappoti vipulam sukham.

Mahakassapatthera Vatthu 28

Pamadam appamadena
yada nudati pandito
pannapasadamaruyha
asoko sokinim pajam
pabbatatthova bhumatthe
dhiro bale avekkhati.

Dvesahayakabhikkhu Vatthu 29

Appamatto pamattesu
suttesu bahujagaro
abalassa mva sighasso
hitva yati sumedhaso.

25

Al erguirse con la fe y la vigilancia, con el dominio de sí mismo y la armonía consigo mismo, el sabio crea una isla para su alma que las aguas nunca logran cubrir.

26, 27

Los insensatos e ignorantes son descuidados y nunca vigilan, pero quien vive vigilante lo considera su mayor tesoro.

Nunca caigas en la negligencia; nunca te hundas en los placeres torpes y en la lujuria. Los que se mantienen vigilantes, en profunda contemplación, alcanzan al final el gozo supremo.

28

El sabio que, mediante la vigilancia, vence la irreflexión es alguien que, libre de penas, asciende hasta el palacio de la sabiduría y en él, desde su alta terraza, ve abajo a los sumidos en la aflicción, así como un poderoso sabio en la montaña sagrada podría contemplar a los muchos necios allá abajo y lejos, en la llanura.

29

El sabio, vigilante entre los indolentes, despierto entre los dormidos, corre como un caballo de carreras y adelanta a los lentos.

Magha Vatthu 30

Appamadena maghava
devanam setthatam gato
appamadam pasamanti
pamado garahito sada.

Annatarabhikkhu Vatthu 31

Appamadarato bhikkhu
pamade bhayadassi va
samyojanam anum thulam
daham aggiva gacchati.

Nigamavasitissatthera Vatthu 32

Appamadarato bhikkhu
pamade bhayadassi va
abhabbo parihanaya
nibbanasseva santike.

30

Por su vigilancia fue como Indra logró la primacía entre los dioses, quienes encomian a los vigilantes y siempre desprecian la irreflexión.

31

El monje que disfruta el gozo de la vigilancia y siente temor de la irreflexión avanza por su camino como un fuego, quemando todos los obstáculos, grandes y pequeños, a su paso.

32

El monje que disfruta el gozo de la vigilancia y siente temor de la irreflexión nunca se verá privado de su victoria y se encuentra cerca del nirvana.

III

CITTAVAGGA

Meghiyatthera Vatthu   **33, 34**

Phandanam capalam cittam
durakkham dunnivarayam
ujum karoti medhavi
usukarova tejanam.

Varijova thale khitto
okamokata ubbhato
pariphandatidam cittam
maradheyyam pahatave.

Annatarabhikkhu Vatthu   **35**

Dunniggahassa lahuno
yatthakamanipatino
cittassa damatho sadhu
cittam dantam sukhavaham.

Ukkanthitabhikkhu Vatthu   **36**

Sududdasam sunipunam
yatthakamanipatinam
cittam rakketha medhavi
cittam guttam sukhavaham.

3

LA MENTE

33, 34

El pensamiento es oscilante e inquieto, difícil de sujetar y contener: diríjalo el sabio, así como un fabricante de flechas las hace rectas.

Como un pez arrojado a la tierra, arrancado de su líquido elemento, el pensamiento se esfuerza y lucha para liberarse del poder de la muerte.

35

El pensamiento del hombre es inconstante y voluble, vuela con la fantasía dondequiera que le apetece: resulta en verdad difícil retenerlo, pero es un gran bien lograrlo. Un pensamiento autorregulado es un venero de inmenso gozo.

36

El pensamiento es invisible y sutil y vuela con la fantasía dondequiera que le apetece, pero el sabio debe vigilarlo bien, pues un pensamiento bien vigilado es un venero de inmenso gozo.

Samgharakkhitatthera Vatthu   37

Durangamam ekacaram
asariram guhasayam
ye cittam samyamissanti
mokkhanti marabandhana.

Cittahatthatthera Vatthu   38, 39

Anavatthitacittassa
saddhammam avijanato
pariplavapasadassa
panna na paripurati.

Anavassutacittassa
ananvahatacetaso
punnapapapahinassa
natthi jagarato bhayam.

Pancasatabhikkhu Vatthu   40

Kumbhupamam kayamimam viditva
nagarupam cittamidam thapetva
yodhetha maram panna vudhena
jitanca rakkhe anivesano siya.

Putigattatissatthera Vatthu   41

Aciram vata' yam kayo
pathavim adhisessati
chuddho apetavinnano
niratthamva kalingaram.

37

El pensamiento, oculto en el misterio de la conciencia e incorpóreo, vuela lejísimos. Los que infunden armonía a sus pensamientos quedan liberados de las ataduras de la muerte.

38, 39

Quien tiene un pensamiento inestable y no conoce la senda de la verdad, cuyas fe y paz son siempre vacilantes, nunca alcanzará la plenitud de la sabiduría.

Pero quien mantiene su pensamiento sometido apaciblemente está libre del ansia de los deseos y quien se ha elevado por encima del bien y del mal está despierto y no siente miedo.

40

Teniendo en cuenta que este cuerpo es frágil como un cántaro, fortifica tu pensamiento como una fortaleza y empéñate en la gran lucha contra *mara*, todas las malas tentaciones. Después de la victoria, guarda bien tus conquistas y no dejes de vigilar por siempre jamás.

41

Este cuerpo no tardará —¡qué tristeza!— en yacer sin vida en la tierra, abandonado como un tronco inútil.

Diso disam yam tam kariya
veri va pana verinam
micchapanihitam cittam
papiyo nam tato kare.

Soreyya Vatthu 43

Na tam mata pita kayira
anne vapi ca nataka
sammapanihitam cittam
seyyaso naim tato kare.

Un enemigo puede herir a un enemigo y un hombre presa del odio puede herir a otro hombre, pero si el pensamiento de un hombre se orienta en una dirección errónea, puede hacerle un daño aún mayor.

43

Un padre o una madre o un familiar pueden en verdad beneficiar a un hombre, pero sus pensamientos rectamente orientados pueden beneficiarlo mucho más.

IV

PUPPHAVAGGA

Pancasatabhikkhu Vatthu   44, 45

Ko imam pathavim vicessati
yamalokanca imam sadevakam
ko dhammapadam sudesitam
kusalo pupphamiva pacessati.

Sekho pathavim vicessati
yamalokanca imam sadevakam
sekho dhammapadam sudesitam
kusalo pupphamiva pacessati.

Maricikammatthanika bhikkhu Vatthu   46

Phepnupamam kayamimam viditva
maricidhammam abhisambudhano
chetvana marassa papupphakani
adassanam maccurajassa gacche.

Vitatubha Vatthu   47

Pupphani heva pacinantam
byasattamanasam naram
suttam gamam mahoghova
maccu adaya gacchati.

4

LAS FLORES DE LA VIDA

44, 45

¿Quién conquistará este mundo y el mundo de los dioses y también el mundo de Yama, de la muerte y del dolor? ¿Quién encontrará el *Dhammapada*, la clara senda de la perfección, así como un hombre que busca flores encuentra la más bella?

El discípulo devoto conquistará este mundo y el de los dioses y también el de Yama, de la muerte y del dolor. El discípulo devoto encontrará el *Dhammapada*, la clara senda de la perfección, así como un hombre que busca flores encuentra la más bella.

46

Quien sabe que este cuerpo es la espuma de una ola, la sombra de un espejismo, rompe las agudas flechas de *mara*, ocultas en las flores de las pasiones sensuales, y, sin ser visto por el rey de la muerte, sigue adelante y se interna por su senda.

47

Pero la muerte arrastra al hombre que recoge las flores de las pasiones sensuales, así como un torrente de aguas raudas se desborda e inunda un pueblo dormido y después sigue su veloz marcha adelante.

Patipujikakumari Vatthu

48

Pupphani heva pacinantam
bysssasattamanasam naram
atittanneva kamesu
antako kurute vasam.

Macchariyakosiyasetthi Vatthu

49

Yathipi bhamaro puppham
vannagandhamahethayam
paleti rasamadaya
evam game muni care.

Paveyya ajivaka Vatthu

50

Na paresam vilomani
na paresam katakatam
attanova avekkheyya
katani akatani ca.

Chattapani upasaka Vatthu

51, 52

Yathapi ruciram puppham
vannavantam agandhakam
evam subhasita vaca
aphala hoti akubbato.

Yathapi ruciram puppham
vannavantam sagandhakam
evam subhasita vaca
saphala hoti kubbato.

48

Y la muerte, el fin de todo, pone fin al hombre que, siempre ansioso de deseos, recoge las flores de las pasiones sensuales.

49

Así como la abeja recoge la esencia de una flor y se marcha volando sin destruir su belleza y su perfume, así también debe pasar el sabio por esta vida.

50

No pienses en las faltas de los demás, en lo que han hecho o dejado de hacer, sino en tus pecados, en lo que has hecho o has dejado de hacer.

51, 52

Como una flor que parece hermosa y tiene color, pero carece de perfume, así son las infructuosas palabras de quien las pronuncia, pero no las plasma en acciones.

Y como una flor hermosa que tiene color y también perfume son las hermosas y fructíferas palabras de quien habla y las plasma en acciones.

Visakha Vatthu 53

Yathapi puppharasimha
kayira malagune bahu
evam jatena maccena
kattabbam kusalam bahum.

Anandattherapanha Vatthu 54, 55

Na pupphagandho pativatameti
na candanam tagara mallika va
satanca gandho pativatameti
sabba disa sappuriso pavayati.

Cadanam tagaram vapi
uppalam atha vassiki
etesam gandhajatanam
silagandho anuttaro.

Mahakassapatthera Vatthu 56

Appamatto ayam gandho
yayam tagaracandani
yo ca silavatam gandho
vati devesu uttamo.

Godhikattheraparinibbana Vatthu 57

Tesam sampannasilanam
appamadaviharinam
sammadanna vimuttanam
Maro maggam na vindati.

53

Así como con un gran montón de flores se pueden hacer muchas guirnaldas y coronas, así también un mortal puede hacer mucho bien en esta vida.

54, 55

El perfume de las flores no se esparce contra el viento, ni siquiera el perfume del sándalo, la adelfa o el jazmín, pero el perfume de la virtud viaja contra el viento y llega hasta los confines del mundo.

Existe el perfume del sándalo, la adelfa, el loto azul y el jazmín, pero el perfume de la virtud supera el de esas flores.

56

El perfume de las flores no llega demasiado lejos, ni siquiera el de la adelfa o el del sándalo, pero el perfume del bien llega a los cielos y es el perfume supremo entre los dioses.

57

La senda de los ricos en virtud, que permanecen siempre vigilantes y cuya luz verdadera los hace libres, no puede ser cruzada por *mara*, por la muerte.

Yatha sankaradhanasmim
ujjhitasmim mahapathe
padumam tattha jayetha
sucigandham manoramam.

Evam sankarabhutesu
andhabhute puthujjane
atirocati pannaya
sammasambuddhasavako.

Así como en un montón de basura arrojada al margen de un camino puede crecer una flor de loto, florecer con su perfume puro e infundir gozo al alma, así también entre las ciegas multitudes brilla pura la luz de la sabiduría del discípulo que sigue a Buda, el único iluminado de verdad.

V

BALAVAGGA

Annatarapurisa Vatthu   60

Digha jagarato ratti
digham santassa yojanam
digho balana samsaro
saddhammam avijanatam.

Mahakassapa saddhiviharika Vatthu   61

Carance nadhigaccheyya
seyyam sadisamattano
ekacariyaram dalham kayira
natthi bale sahayata.

Anandasetthi Vatthu   62

Putta ma'tthi dhanam ma' tthi
iti balo vihannati
atta hi attano natthi
kuto putta kuto dhanam.

Ganthibhedakacora Vatthu   63

Ya balo mannati balyam
panditovapi tena so
balo ca panditamani
sa ve baloti vuccati.

5

EL INSENSATO

60

¡Qué larga es la noche para el centinela! ¡Qué largo es el camino para el cansado! ¡Qué largo es el vagabundeo por vidas que acaban en la muerte para el insensato que no sabe encontrar la senda!

61

Si en el gran trayecto de la vida un hombre no puede encontrar a quien sea mejor o al menos tan bueno como él, debe viajar solo y alegre: un insensato no puede ayudarlo en su viaje.

62

«Estos son mis hijos; esta es mi riqueza»: así se preocupa el insensato. Ni siquiera es el dueño de sí mismo: ¡cuánto menos de sus hijos y su riqueza!

63

Si un insensato consigue ver su insensatez, al menos en eso es sabio, pero el insensato que se cree sabio es, en verdad, el insensato mayor.

Udayitthera Vatthu 64

Yavajivampi ce balo
panditam payirupasati
na so dhammam vijanati
dabbi suparasam yatha.

Timsapaveyyakabhikkhu Vatthu 65

Muhuttamapi ce vinnu
panditam payirupasati
khippam dhammam vijanati
jivha suparasam yatha.

Suppabuddhakutthi Vatthu 66

Caranti bala dummedha
amitteneva attana
karonta papakam kammam
yam hoti katukapphalam.

Kassaka Vatthu 67

Na tam kammam katam sadhu
yam katva anutappati
yassa assumukho rodam
vipakam patisevati.

64

Si durante toda su vida un insensato vive con un sabio, nunca llega a conocer la senda de la sabiduría, como la cuchara nunca llega a conocer el sabor de la sopa.

65

Pero, si un hombre que vigila y ve pasa tan solo un momento con un sabio, no tarda en conocer la senda de la sabiduría, como la lengua conoce el sabor de la sopa.

66

Un insensato que se cree sabio pasa por la vida consigo mismo como enemigo y siempre comete malas acciones que al final dan un fruto amargo.

67

Pues no es buena una acción de la que hay que arrepentirse, una vez hecha y cuando hay que cosechar con lágrimas en los ojos los amargos frutos de las malas acciones.

Sumanamalakara Vatthu 68

Tanca kammam katam sadhu
yam katva nanutappati
yassa patito sumano
vipikam patisevati.

Uppalavannattheri Vatthu 69

Madhumva mannati balo
yava papam na paccati
yada ca paccati papam
atha dukkham nigacchati.

Jambukatthera Vatthu 70

Mase mase kusaggena
balo bhunjeyya bhojanam
na so sankhatadhammanam
kalam agghati solasim.

Ahipeta Vatthu 71

Na hi papam katam kammam
sajju khiramva muccati
dahantam balarnanveti
bhasmacchannova pavako.

68

Pero una acción es en verdad buena cuando, una vez hecha, no hay que arrepentirse y cuando se pueden cosechar con júbilo los dulces frutos de las buenas acciones.

69

Las malas acciones parecen agradables al insensato hasta que llega la reacción y el dolor que las acompaña y entonces ha de comer sus amargos frutos.

70

Ya puede un insensato ayunar mes tras mes y solo comer lo poco que pueda coger con la aguda punta de una hoja de la hierba *kusa*, que su mérito no será ni la decimosexta parte del sabio cuyos pensamientos se alimentan con la verdad.

71

Así como la leche fresca no se agria al instante, así también una mala acción puede no provocar la reacción al instante: como un fuego en rescoldo oculto bajo las cenizas, consume al malhechor, al insensato.

Yavadeva anatthaya
nattam balassa jayati
hanti balassa sukkamsam
muddhamassa vipatayam.

Cittagahapati Vatthu   73, 74

Asantam bhavanamiccheyya
purekkharanca bhikkhusu
avasesu ca issariyam
pujam parakulesu ca.

Mameva kata mannantu
gihi pabbajita ubho
mamevativasa assu
kiccakiccesu kismici
iti balassa sankappo
iccha mano ca vaddhati.

Vanavasitissasamanera Vatthu   75

Anna hi labhupanisa
anna nibbanagamini
evametam abhinnaya
bhikkhu Buddhassa savako
sakkaram nabhinandeyya
vivekamanubruhaye.

Y, si, siempre para su propio mal, el insensato aguza el ingenio, lo único que consigue es destruir su propia mente y su suerte es aún peor que antes.

73, 74

Pues deseará fama y prelación entre los monjes, autoridad en los monasterios y veneración entre el pueblo.

«Que los jefes de familia y los eremitas piensen que fui yo quien obró así y me pregunten siempre lo que deben o no hacer»: esos son los pensamientos del insensato, engreído de deseo y orgullo.

75

Pero una cosa es la senda de la riqueza terrenal y otra muy distinta la del nirvana. Piénselo el discípulo de Buda y, sin empeñarse en conseguir fama, empéñese siempre en conseguir la libertad.

VI

PANDITAVAGGA

Radhatthera Vatthu   76

Nidhinamva pavattaram
yam passe vajjadassinam
niggayhavadim medhavim
tadisam panditam bhaje
tadisam bhajamanassa
seyyo hoti na papiyo.

Assajipunabbasuka Vatthu   77

Ovadeyya'nusaseyya
asabbha ca nivaraye
satam hi so piyo hoti
asatam hoti appiyo.

Channatthera Vatthu   78

Na bhaje papake mitte
na bhaje purisadhame
bhajetha mitte kalyane
bhajetha purisuttame.

6

EL SABIO

76

Considera al hombre que te exponga tus faltas, como si te hablara de un tesoro escondido, un sabio que te muestra los peligros de la vida. Sigue a ese hombre: quien lo siga verá el bien y no el mal.

77

Déjale reprenderte e instruirte y vedarte el mal. Los buenos lo adorarán y los malos lo odiarán.

78

No tengas por amigos a quienes tienen el alma sucia; no te juntes con quienes tienen un alma perversa. Ten por amigos a quienes tengan un alma hermosa; júntate con quienes tengan un alma buena.

Mahakappinatthera Vatthu 79

Dhammapiti sukham seti
vippasannena cetasa
ariyappavedite dhamme
sada ramati pandito.

Panditasamanera Vatthu 80

Udakam hi nayanti nettika
usukara namayanti tejanam
darum namayanti tacchaka
attanam damayanti pandita.

Lakundakabhaddiyatthera Vatthu 81

Selo yatha ekaghano
vatena na samirati
evam nindapasamsasu
na saminjanti pandita.

Kanamata Vatthu 82

Yathapi rahado gambhiro
vippasanno anavilo
evam dhammani sutvana
vippasidanti pandita.

79

Quien bebe de las aguas de la verdad descansa con júbilo y pensamientos serenos. Los sabios se deleitan con el *dhamma*, con la verdad revelada por los grandes.

80

Quienes hacen canales dirigen las aguas para domeñarlas; los fabricantes de flechas las hacen rectas; los carpinteros domeñan la madera y los sabios domeñan sus pensamientos.

81

Así como una gran roca no es sacudida por el viento, así tampoco es sacudido el sabio por los elogios ni por las acusaciones.

82

Como un lago que es puro, apacible y profundo, así se vuelve el alma del sabio cuando oye las palabras del *dhamma*.

Pancasatabhikkhu Vatthu 83

Sabbattha ye sappurisa cajanti
na kamakama lapayanti santo
sukhena phuttha atha va dukhena
na uccavacam pandita dassayanti.

Dhammikatthera Vatthu 84

Na attahetu na parassa hetu
na puttamicche na dhanam na rattham
na iccheyya adhammena samiddhimattano
sa silava pannava dhammiko siya.

Dhammassavana Vatthu 85, 86

Appaka te manussesu
ye jana paragamino
athayam itara paja
tiramevanudhavati.

Ye ca kho sammadakkhate
dhamme dhammanuvattino
te jana paramessanti
maccudheyyam suduttaram.

Pancasata Agantukabhikkhu Vatthu 87-89

Kanham dhammam vippahaya
sukkam bhavetha pandito
oka anokamagamma
viveke yattha duramam.

83

Los hombres buenos renuncian en verdad a todos los apegos en todo momento. Los santos no pronuncian palabras ociosas sobre asuntos del deseo. Cuando experimentan placer o dolor, se sienten por encima del placer y del dolor.

84

Quien no ambiciona para sí mismo ni para otros ni hijos ni poder ni riqueza, quien no coloca su éxito por encima del de la rectitud, es virtuoso, recto y sabio.

85, 86

Pocos cruzan el río del tiempo y consiguen alcanzar el nirvana. La mayoría de ellos corren para arriba y para abajo por este lado del río.

Pero quienes, cuando conocen la ley, siguen su senda alcanzarán la otra orilla y llegarán allende el reino de la muerte.

87-89

Tras dejar la senda de la obscuridad y seguir la de la luz,

Tatrabhiratimiccheyya
hitva kame akincano
pariyodapeyya attanam
cittaklesehi pandito.

Yesam sambodhiyangesu
samma cittam subhavitam
adanapatinissagge
anupadaya ye rata
khinasava jutimanto
te loke parinibbuta.

el sabio debe abandonar su vida hogareña y adentrarse en una vida de libertad. Debe encontrar su gozo supremo en una soledad que pocos disfrutan: libre de posesiones, de deseos y de todo lo que pueda enturbiar sus pensamientos.

Pues quien está bien versado en los caminos que conducen a la luz, abandona la esclavitud de los apegos, encuentra el gozo en su liberación de la esclavitud y, libre de la obscuridad de las pasiones, resplandece con un puro esplendor de luz, disfruta, incluso en esta vida mortal, el inmortal nirvana.

VII

ARAHANTAVAGGA

Jivakapanha Vatthu   90

*Gataddhino Visokassa
vippamuttassa sabbadhi
sabbaganthappahinassa
parilaho na vijjati.*

Mahakassapatthera Vatthu   91

*Uyyunjanti satimanto
na nikete ramanti te
hamsava pallalam hitva
okamokam jahanti te.*

Belatthasisatthera Vatthu   92

*Yesam sannicayo natthi
ye parinnatabhojana
sunnato animitto ca
vimokkho yesam gocaro
akaseva sakuntnam
gati tesam durannaya.*

7

LIBERTAD INFINITA

90

¡El viajero ha llegado al final del trayecto! En la libertad del infinito, carece de penas, los grilletes que lo apresaban han saltado y la ardiente fiebre de la vida ha desaparecido.

91

Quienes tienen pensamientos elevados siempre se esfuerzan: no se sienten felices permaneciendo en el mismo lugar. Como cisnes que abandonan su lago y alzan el vuelo, abandonan su hogar en busca de otro más elevado.

92

¿Quién puede seguir la senda de quienes conocen el verdadero alimento de la vida y, tras abandonar la abundancia excesiva, se elevan por el cielo de la liberación, el infinito vacío sin comienzo? Su rumbo es tan difícil de seguir como el de las aves en el aire.

Anuruddhatthera Vatthu

93

Yassasa va parikkhina
ahare ca anissito
sunnato animitto ca
vimokkho yassa gocaro
akaseva sakuntanam
padam tassa durannayam.

Mahakaccayanatthera Vatthu

94

Yassindriyani samathangatani
assa yatha sarathina sudanta
pahinamanassa anasavassa
devapi tassa pihayanti tadino.

Sariputtatthera Vatthu

95

Pathavisamo no virujjhati
indakhilupamo tadi subbato
rahadova apetakaddamo
samsara na bhavanti tadino.

Kosambivasitissattherasamanera Vatthu

96

Santam tassa manam hoti
santa vaca ca kamma ca
sammadanna vimuttassa
upasantassa tadino.

93

¿Quién puede seguir la senda invisible del hombre que se eleva por el cielo de la liberación, el infinito vacío sin comienzo, cuya pasión es la paz y que no se deja vencer por las pasiones? Su senda es tan difícil de seguir como la de las aves en el aire.

94

El hombre que con sabiduría domina sus sentidos como un buen auriga sus caballos y está libre de bajas pasiones y orgullo es admirado incluso por los dioses.

95

Es apacible como la tierra imperturbable, firme como una columna, puro como un lago claro y está libre del *samsara*, el eterno retorno de la vida en la muerte.

96

En la luz de su visión ha encontrado su libertad: sus pensamientos, palabras y acciones son paz.

*Assaddho akatannu ca
sandhicchedo ca yo naro
hatavakaso vantaso
sa ve uttamaporiso.*

Khadiravaniyarevatatthera Vatthu 98

*Game va yadi varanne
ninne va yadi va thale
yattha arahanto viharanti
tam bhumiramaneyyakam.*

Annatara itthi Vatthu 99

*Ramaniyani arannani
yaittha na ramati jano
vitaraga ramissanti
na te kamagavesino.*

97

Y quien está libre de crédulas creencias, porque ha visto el eterno nirvana, se ha liberado de la esclavitud de la vida inferior y, mucho más allá de las tentaciones, ha vencido todos sus deseos es en verdad grande entre los hombres.

98

Dondequiera que residan hombres santos, es en verdad un lugar de gozo: ya esté en una aldea, un bosque, un valle o un monte.

99

Vuelven deleitosos los bosques en que otras personas no podrían vivir. Como no cargan con el peso de los deseos, disfrutan un gozo del que los otros carecen.

VIII

SAHASSAVAGGA

Tambadathika Coraghataka Vatthu   100

Sahassamapi ce vaca
anatthapadasamhita
ekam atthapadam seyyo
yam sutva upasammati.

Bahiyadaruciriya Vatthu   101

Sahassamapi ce gatha
anatthapadasamhita
ekam gathapadam seyyo
yam sutva upasammati.

Kundalakesitheri Vatthu   102, 103

Yo ca gatha satam bhase
anatthapadasamhita
ekam dhammapadam seyyo
yam sutva upasammati.

Yo sahassam sahassena
sangame manuse jine
ekanca jeyyamattanam
sa ve sangamajuttamo.

8

MEJOR QUE MIL

100

Mejor que mil palabras inútiles es una sola palabra que infunda paz.

101

Mejor que mil versículos inútiles es un solo versículo que infunda paz.

102, 103

Mejor que cien poemas inútiles es un solo poema que infunda paz.

Si un hombre venciera en una batalla a mil y mil más y otro

Anatthapucchakabrahmana Vatthu 104, 105

Atta have jitam seyyo
ya cayam itara paja
attadantassa posassa
niccam sannatacarino.

Neva devo na gandhabbo
na Maro saha Brahmuna
jitam apajitam kayira
tatharupassa jantuno.

Sariputtattherassa Matula Brahmana Vatthu 106

Mase mase sahassena
yo vajetha satam samam
ekanca bhivatattanam
muhuttamapi pujaye
sa yeva pujana seyyo
yance vassasatam hutam.

Sariputtattherassa bhagineyya Vatthu 107

Yo ca vassasatam jantu
aggim paricare vane
ekanca bhavitattanam
muhuttamapi pujaye
sa yeva pujana seyyo
yance vassasatam hutam.

104, 105

hombre se venciera a sí mismo, la de este último sería la

victoria mayor, porque la mayor de las victorias es la lograda sobre uno mismo y ni los dioses del cielo ni los demonios de las profundidades pueden convertir en derrota la victoria de semejante hombre.

106

Si, mes tras mes, un hombre hiciera mil ofrendas durante cien años y otro solo por un momento venerase a un vencedor de sí mismo, ese momento tendría más valor que cien años de ofrendas.

107

Si durante cien años un hombre adorara el fuego sagrado del bosque y otro solo por un momento venerase a un vencedor de sí mismo, tan solo esa reverencia sería mayor que cien años de adoración.

Sariputtattherassa sahayaka brahmana Vatthu   108

Yamkinci yittham va hutam va loke
samvaccharam yajetha punnapekkho
sabbampi tam na catubhagameti
abhivadana ujjugatesu seyyo.

Ayuvaddhanakumara Vatthu   109

Abhivadanasilissa
niccam vuddhapacayino
cattaro dhamma vaddhanti
ayu vanno sukham balam.

Samkiccasamanera Vatthu   110

Yo ca vassasatam jive
dussilo asamahito
ekaham jivitam seyyo
silavantassa jhayino.

Khanu Kondannatthera Vatthu   111

Yo ca vassasatam jive
duppanno asamahito
ekaham jivitam seyyo
pannavantassa jhayino.

Lo que quiera que un hombre ofrezca durante un año como prueba de devoción o en donaciones para hacerse acreedor a algún mérito no vale ni una fracción del mérito logrado con la reverencia a un hombre justo.

109

Y quien reverencia a los veteranos en virtud y santidad conquista en verdad cuatro tesoros: larga vida, salud, poder y alegría.

110

Mejor que cien años vividos en el vicio, sin ejercer la contemplación, es un solo día vivido en la virtud y dedicado a una profunda contemplación.

111

Mejor que cien años vividos en la ignorancia, sin ejercer la contemplación, es un solo día vivido con sabiduría y dedicado a una profunda contemplación.

Sappadasatthera Vatthu 112

Yo ca vassasatam jive
kusito hinaviriyo
ekaham jivitam seyyo
viriyamarabhato dalham.

Patacaratheri Vatthu 113

Yo ca vassasatam jive
apassam udayabbayam
ekaham jivitam seyyo
passato udayabbayam.

Kisagotami Vatthu 114

Yo ca vassasatam jive
apassam amatam padam
ekaham jivitam seyyo
passato amatam padam.

Bahuputtikattheri Vatthu 115

Yo ca vassasatam jive
apassam dhammamuttamam
ekaham jivitam seyyo
passato dhammamuttamam.

112

Mejor que cien años vividos en la ignorancia, sin contemplación, es un solo día vivido con sabiduría y contemplación profunda.

113

Mejor que cien años sin prestar atención a la aparición y desaparición de las cosas es un solo día de vida en el que se les preste atención.

114

Mejor que cien años sin ver la inmortalidad propia es un solo día de vida en el que la veamos.

115

Mejor que cien años sin ver la senda suprema es un solo día de vida, si la vemos.

IX

PAPAVAGGA

Culekasataka Vatthu   116

*Abhittharetha kalyane
pipa cittam nivaraye
dandham hi karoto punnam
papasmim ramati mano.*

Seyyasakatthera Vatthu   117

*Pipance puriso kayira
na nam kayira punappunam
na tamhi chandam kayiratha
dukkho papassa uccayo.*

Lajadevadhita Vatthu   118

*Punnace puriso kayira
kayira nam punappunam
tamhi chandam kayiratha
sukho punnassa uccayo.*

9

EL BIEN Y EL MAL

116

Apresuraos a obrar bien y mantener vuestros pensamientos alejados del mal. Si un hombre se muestra lento a la hora de obrar bien, su mente encontrará placer en el mal.

117

Si un hombre comete una mala acción, no debe repetirla una y otra vez. No debe encontrar placer en su pecado. La acumulación de malas acciones resulta dolorosa.

118

Si un hombre obra bien, debe repetirlo una y otra vez. Debe sentir gozo con su buena acción. La acumulación de buenas acciones resulta gozosa.

Anathapindikasetthi Vatthu   119, 120

*Papopi passati bhadram
yava papam na paccati
yada ca paccati papam
atha papo papam passati.*

*Bhadropi passati papam
yava bhadram na paccati
yada ca paccati bhadram
atha bhadro bhadrani passati.*

Asannataparikkhara Vatthu   121

*Mavamannetha papassa
na mandam agamissati
udabindu nipatena
udakumbhopi purati
balo purati papassa
thokam thokampi acinam.*

Bilalapadakasetthi Vatthu   122

*Mavamannetha punnassa
na mandam agamissati
udabindunipatena
udakumbhopi purati
dhiro purati punnassa
thokam thokampi acinam.*

Un hombre puede sentir placer con el mal, mientras este no haya dado fruto, pero, cuando llega el fruto del mal, ese hombre siente en verdad el mal.

Un hombre puede sentir dolor al hacer el bien, mientras su bien no haya dado fruto, pero, cuando llega el fruto del bien, ese hombre siente en verdad el bien.

121

No consideréis cosa de poca monta un pecado, pensando: «Poco me importa». Así como la caída de gotas de agua con el tiempo llenará un cántaro, así también el insensato acumula maldad, aunque sea poco a poco.

122

No consideréis cosa de poca monta una acción, pensando: «Poco me importa». Así como la caída de gotas de agua con el tiempo llenará un cántaro, así también el sabio acumula bondades, aunque sea poco a poco.

Mahadhanavanija Vatthu 123

Vanijova bhayam maggam
appasattho mahaddhano
visam jivitukamova
papani parivajjaye.

Kukkutamittanesada Vatthu 124

Panimhi ce vano nassa
hareyya panina visam
nibbanam visamanveti
natthi papam akubbato.

Kokasunakhaluddaka Vatthu 125

Yo appadutthassa narassa dussati
suddhassa posassa ananganassa
tameva balam pacceti papam
sukhumo rajo pativatamva khitto.

Manikarakulupaka Tissatthera Vatthu 126

Gabbhameke uppajjanti
nirayam papakammino
saggam sugatino yanti
parinibbanti anasava.

123

Evítense los peligros del mal, así como un mercader que transporta mucha riqueza, pero lleva poca escolta, evita los peligros del camino o un hombre que siente apego por su vida se abstiene de tomar un veneno.

124

Así como un hombre que no tenga una herida en una mano no puede verse afectado por el veneno que lleve en ella, pues el veneno no afecta allí donde no hay herida, así tampoco puede el mal hacer mella en quien carece de maldad.

125

El insensato que hace daño a un hombre bueno, a un hombre puro y libre de pecado, ve cómo el mal se vuelve contra él, como el polvo arrojado contra el viento.

126

De las personas que nacen en esta Tierra, los que obran mal renacen en el Infierno, mientras que los justos van al Cielo, pero los puros alcanzan el nirvana.

Na antalikkhe na samuddamajihe
na pabbatanam vivaram pavissa
na vijjati so jagatippadeso
yatthatthito mucceyya papakamma.

Suppabuddhasakya Vatthu 128

Na antalikkhe na samuddamajjhe
na pabbatanam vivaram pavissa
na vijjati so jagatippadeso
yatthatthitam nappasaheyya maccu.

Ni en el cielo ni en las profundidades del mar ni en una cueva en la montaña ni en ninguna otra parte puede un hombre librarse de las malas acciones que haya cometido.

Ni en el cielo ni en las profundidades del mar ni en una cueva en la montaña ni en ninguna otra parte puede un hombre librarse del poder de la muerte.

X

DANDAVAGGA

Chabbaggiya Bhikkhu Vatthu 129

Sabbe tasanti dandassa
sabbe bhayanti maccuno
attanam upamam katva
na haneyya na ghataye.

Chabbaggiya Bhikkhu Vatthu 130

Sabbe tasanti dandassa
sabbesam jivitam piyam
attanam upamam katva
na haneyya na ghataye.

Sambahula Kumaraka Vatthu 131, 132

Sukhakamani bhutani
yo dandena vihimsati
attano sukhamesano
pecca so na labhate sukham.

Sukhakamani bhutani
yo dandena na himsati
attano sukhamesano
pecca so labbate sukhatm.

10

LA VIDA

129

Todos los seres tiemblan ante el peligro, todos temen a la muerte. Cuando un hombre reflexiona sobre ello, no mata ni causa muertes.

130

Todos los seres temen al peligro, la vida es cara a todos. Cuando un hombre reflexiona sobre ello, no mata ni causa muertes.

131, 132

Quien, en busca de la felicidad, daña a otros que también la desean en adelante no la encontrará.

Quien, en busca de la felicidad, no daña a otros que también la desean en adelante la encontrará.

Kondadhanatthera Vatthu   133, 134

Mavoca pharusam kanci
vutta pativadeyyu tam
dukkha hi sarambkakatha
patidanda phuseyyu tam.

Sace neresi attanam
kamso upahato yatha
esa pattosi nibbanam
sarambho te na vijjati.

Uposathika Itthinam Vatthu   135

Yatha dandena gopalo
gavo pajeti gocaram
evam jara ca maccu ca
ayum pajenti paninam.

Ajagarapeta Vatthu   136

Atha papani kammani
karam balo na bujjhati
sehi kammehi dummedho
aggidaddhova tappati.

Maha Moggallanatthera Vatthu   137-140

Yo dandena adandesu
appadutthesu dussati
dasannarnannataram thanam
khippameva nigacchati.

133, 134

Nunca pronunciéis palabras ásperas, pues, una vez pronunciadas, pueden volverse contra vosotros. Las palabras rencorosas hieren y quien las profiere puede recibir golpe por golpe.

Si podéis permanecer en una quietud sosegada, como un gong roto que permanece silencioso, habréis alcanzado la paz del nirvana y vuestro enojo será paz.

135

Así como un vaquero lleva sus vacas a los campos, la vejez y la muerte conducen a los seres vivos hasta bien entrados los campos de la muerte.

136

Cuando un insensato comete malas acciones, olvida que está encendiendo un fuego en el que él mismo arderá algún día.

137–140

Quien hiere con sus armas a quienes son inofensivos y puros no tardará en ser presa de uno de estos diez males:

Vedanam pharusam janim
sarirassa va bhedanam
garukam vapi abadham
cittakkhepam va papune.

Rajato va upasaggam
abbhakkhanam va darunam
parikkhayam va natinam
bhoganam va pabhanguram.

Atha vassa agarani
aggi dahati pavako
kayassa bheda duppanno
nirayam so papajjati.

Bahubhandika Bhikkhu Vatthu   141

Na naggacariya na jata na panka
nanasaka thandilasayika va
rajojallam ukkutikappadhanam
sodhenti maccam avitinnakankham.

Santati Mahamatta Vatthu   142

Alankato cepi samam careyya
santo danto niyato brahmacari
sabbesu bhutesu nidhaya dandam
so bramano so samano sa bhikkhu.

un dolor o una enfermedad temibles, la pérdida de extremidades o una enfermedad terrible, o incluso la locura, la pérdida del juicio, la persecución del Rey, una temible acusación ante la Justicia, la pérdida de posesiones o de familiares o un fuego procedente del Cielo que puede incendiar su casa. Y, cuando el malhechor haya muerto, renacerá en el Infierno.

141

Ni la desnudez ni el pelo enmarañado ni la suciedad ni el ayuno ni dormir en el suelo ni cubrir el cuerpo con cenizas ni estar permanentemente en cuclillas pueden purificar a un hombre que no esté libre de dudas y deseos.

142

Pero, aunque un hombre vista buena ropa, si vive pacíficamente y es bueno, tiene dominio de sí mismo y fe, y es puro y no hiere a ser vivo alguno, es un santo brahmín, un eremita retirado, un monje llamado *bhikkhu*.

Hirinisedho puriso
koci lokasmi vijjati
yo niddam apabodheti
asso bhadro kasamiva.

Asso yatha bhadro kasanivittho
atapino samvegino bhavatha
saddhaya silena ca viriyena ca
samadhina dhammavinicchayena ca
sampannavijjacarana patissata
jahissatha dukkhamidam anappakam.

Sukhasamanera Vatthu 145

Udakam hi nayanti nettika
usukara namayanti tejanam
darum namayanti tacchaka
attanam damayanti subbata.

¿Hay en este mundo algún hombre tan noble, que siempre actúe libre de culpa, del mismo modo que un caballo evita el contacto con el látigo?

Sed ardientes como un caballo noble tocado por el látigo. Mediante la fe, la virtud y la energía, mediante la contemplación profunda y la visión, mediante la sabiduría y las acciones rectas, venceréis las penas de la vida.

145

Quienes hacen canales dirigen las aguas, los fabricantes de flechas las hacen rectas, los carpinteros domeñan su madera y los santos dominan su alma.

XI

JARAVAGGA

Visakhaya Sahayikanam Vatthu 146

Ko nu haso kimanando
niccam pajjalite sati
andhakarena onaddha
padipam na gavesatha.

Sirima Vatthu 147

Passa cittakatam bimbam
arukayam samussitam
aturam babusankappam
yassa natthi dhuvam thiti.

Uttaratheri Vatthu 148

Parijinnamidam rupam
roganilam pabhanguram
bhijjati putisandeho
maranantam hi jivitam.

Sambahula Adhimanikabhikkhu Vatthu 149

Yanimani apatthani
alabuneva sarade
kapotakani atthini
tani disvana ka rati.

11

MÁS ALLÁ DE LA VIDA

146

¿Cómo puede haber risa y placer, cuando el mundo entero está ardiendo? Cuando estás sumido en la obscuridad, ¿acaso no pedirás una lámpara?

147

¡Pensad en este cuerpo! Una marioneta pintada con extremidades articuladas, que a veces sufre y está cubierta de úlceras, henchida de imaginaciones, nunca permanente, siempre cambiante.

148

¡Este cuerpo se está pudriendo! Es un nido de enfermedades, un montón de corrupción, destinado a la destrucción, a la disolución. Toda vida acaba en la muerte.

149

Mirad estos huesos grisáceo-blanquecinos y secos, como calabazas secas y vacías, tiradas al final del verano. ¿Quién sentirá gozo al contemplarlos?

Janapadakalyani Rupanandatheri Vatthu150

Atthinam nagaram katam
mamsalohita lepanam
yattha jara ca maccu ca
mano makkho ca ohito.

Mallikadevi Vatthu151

Jiranti ve rajaratha sucitta
atho sarirampi jaram upeti
satanca dhammo na jaram upeti
santo have sabbhi pavedayanti.

Laludayi Thera Vatthu152

Appassutayam puriso
balibaddova grati
mamsani tassa vaddhanti
panna tassa na vaddhati.

Udana Vatthu153, 154

Anekajatisamsaram
sandhavissam anibbisam
gahakaram gavesanto
dukkha jati punappunam.

150

Una casa de huesos es este cuerpo, huesos cubiertos con carne y sangre. El orgullo y la hipocresía moran en esta casa y también la vejez y la muerte.

151

Los magníficos carruajes de los reyes se deterioran y el cuerpo se deteriora y envejece, pero la virtud de los buenos nunca envejece, por lo que pueden enseñar la bondad a los buenos.

152

Si un hombre no procura aprender, ¡envejece como un buey! Su cuerpo envejece, en efecto, pero su sabiduría, no.

153, 154

He recorrido en vano los ciclos de muchas vidas esforzándome

Gahakaraka ditthosi
puna geham na kahasi
sabba te phasuka bhagga
gahakotam visankhatam
visankharagatam cittam
tanhanam khayamajjhaga.

Mahadhanasetthiputta Vatthu   155, 156

Acaritva brahmacariyam
aladdha yobbane dhanam
jinnakoncava jhayanti
khinamaccheva pallale.

Acaritva brahmacariyam
aladdha yobbane dhanam
senti capatikhinava
puranani anutthunam.

siempre por encontrar al constructor de la casa de la vida y la muerte. ¡Qué grande es la pena por la vida que debe morir! Pero, ahora que te he visto, constructor, nunca más construirás esta casa. Las vigas de los pecados están rotas y la cumbrera de la ignorancia está destrozada. La fiebre del ansia es cosa del pasado, pues mi mente mortal ha desaparecido en el gozo del inmortal nirvana.

155, 156

Quienes en su juventud no vivieron en armonía consigo mismos y no lograron los auténticos tesoros de la vida son más adelante como viejas garzas de largas patas que permanecen desoladas junto a un lago sin peces.

Quienes en su juventud no vivieron en armonía consigo mismos y más adelante no lograron los auténticos tesoros de la vida son como arcos rotos y no dejan de deplorar el pasado desaparecido.

XII

ATTAVAGGA

Bodhirajakumara Vatthu   157

Attanance piyam janna
rakkheyya nam surakkhitam
tinnam annataram yamam
patijaggeyya pandito.

Upanandasakyaputtatthera Vatthu   158

Attanameva pathamam
patirupe nivesaye
athannamanusaseyya
na kilisseyya pandito.

Padhanikatissatthera Vatthu   159

Attanance tatha kayira
yathannamanusasati
sudanto vata dametha
atta hi kara duddamo.

Kumarakassapamatutttheri Vatthu   160

Atta hi attano natho
ko hi natho paro siya
attana hi sudantena
natham labhati dullabham.

12

AUTODOMINIO

157

Si un hombre se estima a sí mismo, debe protegerse cuidadosamente. Debe velar al menos durante una de las tres vigilias de la noche.

158

Primero debe descubrir la rectitud y después podrá enseñársela a los demás, con lo que evitará un dolor inútil.

159

Si obra tan bien como enseña a los demás a hacerlo, sí que puede enseñar a los demás. Difícil es en verdad el autodominio.

160

Solo el hombre mismo puede ser dueño de sí mismo: ¿quién, si no, podría ser su dueño, aparte de él mismo? Cuando el amo y el criado son uno y el mismo, se da la ayuda y autodominio verdaderos.

Mahakala Upasaka Vatthu 161

Attana hi katam papam
attajam attasambhavam
abhimatthati dummedham
vajiramva'smamayam manim.

Devadatta Vatthu 162

Yassa accantadussilyam
maluva salamivotthatam
karoti so tatha'ttanam
yatha nam icchati diso.

Samghabhedaparisakkana Vatthu 163

Sukarani asadhuni
attano ahitani ca
yam ve hitanca sadhunca
tam ve paramadukkaram.

Kalatthera Vatthu 164

Yo sasanam arahatam
ariyanam dhammajivinam
patikkosati dummedho
ditthim nissaya papikam
phalani katthakasseva
attaghataya phallati.

161

Cualquier injusticia o daño que un hombre comete nace de su interior y es obra de él mismo, cosa que aplasta al insensato, así como una pesada roca tritura una piedra más débil.

162

Y el mal que crece en un hombre es como la enredadera *malava* que envuelve el árbol *sala* y el hombre se ve reducido a la condición que su enemigo desea para él.

163

Resulta fácil hacer el mal, el mal para uno mismo, pero muy difícil actuar rectamente, hacer lo que es bueno para uno mismo.

164

El insensato que, por sus concepciones, desprecia las enseñanzas de los santos, de aquellos cuya alma es grande y recta, recoge frutos para su destrucción, como la caña *kashta*, cuyos frutos significan su muerte.

*Attana hi katam pipam
attana samkilissati
attana akatam papam
attanava visujjhati
suddhi asuddhi paccattam
nanno annanam visodhaye.*

Attadatthatthera Vatthu 166

*Attadattham paratthena
bahunapi na hapaye
attadatthamabhinnaya
sadatthapasuto siya.*

165

Uno mismo hace el mal y uno mismo es quien sufre: uno mismo no hace el mal y mediante el yo propio se purifica. Lo puro y lo impuro provienen de uno mismo: ningún hombre puede purificar a otro.

166

Ningún hombre debe poner en peligro su deber, el bien de su alma, por el bien ajeno, por grande que sea. Cuando haya visto el bien de su alma, debe seguirlo con fervor.

LOKAVAGGA

Daharabhikkhu Vatthu   167

Hinam dhammam na seveyya
pamadena na samvase
micchaditthim na seveyya
na siya lokavaddhano.

Suddhodana Vatthu   168, 169

Uttitthe nappamajjeyya
dhammam sucaritam care
dhammacari sukham seti
asmim loke paramhi ca.

Dhammam care sucaritarm
na nam duccaritam care
dhammacari sukham seti
asmim loke paramhi ca.

Pancasatavipassakabhikkhu Vatthu   170

Yatha pubbulakam passe
yatha passe maracikam
evam lokam avekkhantam
maccuraja na passati.

¡LEVÁNTATE Y VIGILA!

167

No lleves una vida vil; recuerda y no olvides; no apliques ideas equivocadas; no te hundas en el mundo.

168, 169

¡Levántate y vigila! Camina por la senda recta. Quien sigue la senda recta siente gozo en este mundo y en el del más allá.

Sigue la senda recta y no la errada. Quien sigue la senda recta siente gozo en este mundo y en el del más allá.

170

Cuando un hombre considera este mundo una burbuja de espuma y la falsa ilusión de un espejismo, el rey de la muerte no tiene poder sobre él.

Abhayarajakumara Vatthu 171

Etha passathimam lokam
cittam rajarathupamam
yattha bala visidanti
nattbi sango vijanatam.

Sammajjanatthera Vatthu 172

Yo ca pubbe pamajjit va
pacchi so nappamajjati
so'mam lokam pabhaseti
abbha muttova candima.

Angulimalatthera Vatthu 173

Yassa papam katam kammam
kusalena pidhiyati
so'mam lokam pabhaseti
abbha muttova candima.

Pesakaradhita Vatthu 174

Andhabhuto ayam loko
tanuke'ttha vipassati
sakuno jalamuttova
appo saggaya gacchati.

171

Ven y mira este mundo. Es como un carruaje real pintado en el que se hunden los insensatos. Los sabios no quedan encerrados en el carruaje.

172

Quien en sus primeros tiempos fue ignorante, pero más adelante descubrió la sabiduría, arroja una luz sobre el mundo como la de la Luna cuando no está cubierta por nubes.

173

Quien supera el daño que ha hecho con buenas acciones posteriores arroja más adelante una luz sobre el mundo como la de la Luna cuando no está cubierta por nubes.

174

Este mundo está en verdad sumido en la obscuridad, ¡y qué pocos pueden ver la luz! Así como pocos pájaros pueden escapar de una red, así también pocas almas pueden volar hasta la libertad del Cielo.

Timsabhikkhu Vatthu

Hamsa diccapathe yanti
ikase yanti iddhiya
niyanti dhira lokamha
jetva maram savahinim.

Cincamanavika Vatthu

Ekam dhammam atitassa
musavadissa jantuno
vitinnaparalokassa
natthi papam akariyam.

Asadisadana Vatthu

Na ve kadariya devalokam vajanti
bala have nappasamsanti danam
dhiro ca danam anumodamano
teneva so hoti sukhi parattha.

Anathapindikaputtakala Vatthu

Pathabya ekarajjena
saggassa gamanena va
sabbalokadhipacce na
sotapattiphalam varam.

175

Los cisnes siguen la senda del sol mediante el milagro de volar por el aire. Los hombres fuertes vencen el mal y sus ejércitos y después se elevan por encima del mundo.

176

No hay mal que no pueda cometer un hombre cuyas palabras son mentiras, que transgrede la ley suprema y desprecia el mundo superior.

177

Los avaros no van, desde luego, al cielo de los dioses y los insensatos no elogian la liberalidad, pero los hombres nobles encuentran alegría en la generosidad y así sienten júbilo en los mundos superiores.

178

Mejor que el poder sobre toda la Tierra, mejor que ir al Cielo y que el dominio sobre los mundos es el gozo del hombre que entra en el río de la vida que conduce al nirvana.

XIV

BUDDHAVAGGA

Maradhitara Vatthu   179, 180

Yassa jitam navajiyati
jitam yassa no'yati koci loke
tam buddhamanantagocaram
apadam kena padena nessatha.

Yassa jalini visattika
tanha natthi kuhinci netave
tam buddhamanantagocaram
apadam kena padena nessatha.

Devorohana Vatthu   181

Ye jhanapasuta dhira
nekkhammupasame rata
devapi tesam pihayanti
sambuddhanam satimatam.

Erakapattanagaraja Vatthu   182

Kiccho manussapatilabho
kiccham maccana jivitam
kiccham saddhammassavanam
kiccho buddhanamuppado.

14

BUDA

179, 180

¿Por qué senda terrenal se podría atraer a Buda, que está despierto, cuya victoria no se puede convertir en derrota, a quien nadie puede vencer y que, en feliz plenitud, puede recorrer las invisibles sendas del infinito?

¿Por qué senda terrenal se podría tentar a Buda, que está despierto, a quien la red del deseo venenoso no puede atraer y que, en feliz plenitud, puede recorrer las invisibles sendas del infinito?

181

Incluso los dioses anhelan ser como budas que están despiertos y vigilan, encuentran paz en la contemplación y, sosegados y firmes, gozan con la renuncia.

182

Gran acontecimiento es nacer hombre y su vida es un continuo bregar. No escucha con frecuencia la doctrina de la verdad y poco común es la aparición de un buda.

Sabbapapassa akaranam
ku salassa upasampada
sacittapariyodapanam
etam buddhana sasanam.

Khanti paramam tapo titikkha
nibbanam paramam vadanti buddha
na hi pabbajito parupaghati
na samano hoti param vihethayanto.

Anupavado anupaghato
patimokkhe ca samvaro
mattannuta ca bhattasmim
pantanca sayanasanam
adhicitte ca ayogo
etam buddhana sasanam.

Anabhiratabhikkhu Vatthu 186, 187

Na kahapana vassena
titti kamesu vijjati
appassada dukha kama
iti vinnaya pandito.

Api dibbesu kamesu
ratim so nadhigacchati
tanhakkhayarato hoti
sammasambuddhasavako.

No obréis mal, sino bien. Mantened puros vuestros pensamientos. Esa es la enseñanza de Buda.

La paciencia es el sacrificio supremo. El nirvana es el bien supremo. Eso dicen los budas, que están despiertos. Si un hombre hiere a otro, no es un eremita; si ofende a otro, no es un asceta.

No herir con hechos ni con palabras, autodominio prescrito en las reglas, moderación en el comer, la soledad del cuarto y la cama propios y la ejercitación de la conciencia más elevada: esa es la enseñanza de los budas, que permanecen despiertos.

186, 187

Puesto que una lluvia de monedas de oro no podría satisfacer los

deseos ansiosos y el fin de todos los placeres es el dolor, ¿cómo podría un sabio encontrar satisfacción siquiera en los placeres de los dioses? Cuando desaparecen los deseos, llega el gozo: el discípulo de Buda descubre esa verdad.

Bahum ve saranam yanti
pabbatani vanani ca
aramarukkhacetyani
manussa bhayatajjita.

Netam kho saranam khemam
netam saranamuttamam
netam saranamagamma
sabbadukkha pamuccati.

Yo ca buddhanca dhammanca
samghanca saranam gato
cattari ariyasaccani
sammappannaya passati.

Dukkham dukkhasamuppadam
dukkhassa ca atikkamam
ariyam catthangikam maggam
dukkhupasamagaminam.

Etam kho saranam khemam
etam saranamuttamam
etam saranamagamma
sabbadukkha pamuccati.

Los hombres, movidos por el miedo, se refugian en las

montañas o los bosques, las arboledas, los árboles sagrados o los santuarios, pero esos no son refugios seguros, no son los que liberan a un hombre de la aflicción.

Quien busca refugio en Buda, en la verdad y en sus discípulos busca, en verdad, un gran refugio. Después comprende las cuatro grandes verdades: el sufrimiento, su causa, su fin y el sendero de las ocho etapas que conduce al fin del sufrimiento.

Ese es el refugio seguro, ese es el refugio supremo. Quien se dirige a ese refugio se libera del sufrimiento.

Anandattherapanha Vatthu193

Dullabho purisajanno
na so sabbattha jayati
yattha so jayati dhiro
tam kulam sukhamedhati.

Sambahulabhikkhu Vatthu194

Sukho buddhanamuppado
sukha saddhammadesana
sukha sanghassa samaggi
samagganam tapo sukho.

Kassapadasabalassa Suvannacetiya Vatthu195, 196

Pujarahe pujayato
buddhe yadi va savake
papancasamatikkante
tinnasokapariddave.

Te tadise pujayato
nibbute akutobhaye
na sakka punnam sahkhatum
imettamapi kenaci.

193

No es fácil encontrar un hombre de visión certera; un buda
que permanece despierto no nace en cualquier sitio. Dichosos
son los habitantes del lugar en el que nace un hombre semejante.

194

Afortunado es el nacimiento de un buda, afortunada la enseñanza del *dhamma*, afortunada la armonía de sus discípulos,
afortunada la vida de quienes viven en armonía.

195, 196

¿Quién podría calibrar la excelencia de quien venera a

quienes son dignos de ello, un buda o sus discípulos, que han
dejado atrás el mal y han cruzado el río del sufrimiento y, libres
de todo temor, se encuentran en la gloria del nirvana?

SUKHAVAGGA

Natikalahavupasamana Vatthu 197-199

Susukham vata jivama
verinesu averino
verinesu manussesu
viharama averino.

Susukham vata jivama
aturesu anatura
aturesu manussesu
viharama anatura.

Susukham vata jivama
ussukesu anussuka
ussukesu manussesu
viharama anussuka.

Mara Vatthu 200

Susukham vata jivama
yesam no natthi kincanam
pitibhakkha bhavissama
deva abhassara yatha.

15

GOZO

197-199

¡Vivamos con júbilo y con amor entre quienes odian! Entre hombres que odian, vivamos con amor.

¡Vivamos con júbilo y con salud entre quienes están enfermos! Entre hombres que están enfermos, vivamos con salud.

¡Vivamos con júbilo y en paz entre los que luchan! Entre quienes luchan, vivamos en paz.

200

¡Vivamos con júbilo, aunque no tengamos nada! ¡Con júbilo vivamos como espíritus de la luz!

Kosalaranno Parajaya Vatthu   201

Jayam veram pasavati
dukkham seti parajito
upasanto sukham seti
hitva jayaparajayam.

Annatarakuladarika Vatthu   202

Natthi ragasamo aggi
natthi dosasamo kali
natthi khandhasama dukkha
natthi santiparam sukham.

Eka Upasaka Vatthu   203

Jighacchaparama roga
sankharaparama dukha
etam natva yathabhutam
nibbanam paramam sukham.

Pasenadikosala Vatthu   204

Arogyaparama labha
santutthiparamam dhanam
vissasaparama nati
nibbanam paramam sukham.

201

La victoria va acompañada del odio, porque el derrotado se siente desdichado. Quien renuncia a la victoria y a la derrota descubre el júbilo.

202

No hay fuego comparable con la concupiscencia. No hay maldad como el odio. No hay dolor como la inarmonía. No hay gozo como el nirvana.

203

La sed de pasiones es la enfermedad más grave. La inarmonía es el mayor dolor. Cuando sepáis eso, sabréis que el nirvana es el mayor gozo.

204

La salud es la posesión más valiosa. El contento es el mayor tesoro. La confianza es el mejor amigo. El nirvana es el gozo más intenso.

Pavivekarasam pitva
rasam upasamassa ca
niddaro hoti nippapo
dhammapitirasam pivam.

Sakka Vatthu 206-208

Sahu dassanamariyanam
sannivaso sada sukho
adassanena balanam
niccameva sukhi siya.

Balasangatacari hi
dighamaddhana socati
dukkho balehi samvaso
amitteneva sabbada
dhiro ca sukhasamvaso
natinam va samagamo.

Tasma hi
dhiranca pannanca bahussutanca
dhorayhasilam vatavantamariyam
tam tadisam sappurisam sumedham
bhajetha nakkhattapathamva candima.

205

Cuando un hombre conoce la soledad del silencio y siente el gozo de la quietud, está libre de temor y pecado y experimenta el júbilo del *dhamma*.

206-208

Resulta gozoso ver a hombres nobles y buenos y estar con ellos nos hace felices. Si pudiéramos no ver nunca a insensatos, ¡podríamos ser felices por siempre jamás!

Largo y aflictivo es el viaje de quien debe hacerlo con insensatos, porque la compañía de un insensato es tan dolorosa como la de un enemigo, pero el gozo de la compañía de un sabio es como el de la reunión con un pariente amado.

Si descubres a un hombre que tenga constancia, esté despierto para la luz interior, sea culto, sufrido, dotado de devoción, un hombre noble, sigue a ese hombre bueno y grande, como la Luna sigue la senda de las estrellas.

PIYAVAGGA

Tayojanapabbajita Vatthu   209-211

Ayoge yunja'mattanam
yogasminca ayojayam
attham hit va piyaggahi
piheta'ttanuyoginam.

Ma piyehi samaganchi
appiyehi kudacanam
piyanam adassanam dukkham
appiyananca dassanam.

Tasma piyam na kayiratha
piyapayo hi papako
gantha tesam na vijjanti
yesam natthi piyappiyam.

Annatarakutumbika Vatthu   212

Piyato jayati soko
piyato jayati bhayam
piyato vippamuttassa
natthi soko kuto bhayam.

PLACERES PASAJEROS

209-211

Quien hace lo que no debe y deja de hacer lo que debe, olvida el objeto verdadero de la vida y se hunde en placeres pasajeros, un día envidiará al hombre que vive en profunda contemplación.

Libérese el hombre del placer y también del dolor, pues no tener placer es una pena y también lo es sentir dolor.

Así, pues, no os dejéis atar por el placer, pues su pérdida causa dolor. El hombre que está más allá del placer y del dolor está libre de grilletes.

212

Del placer nacen el dolor y también el miedo. Si un hombre está libre de placer, está libre de miedo y de pena.

Visakha Vatthu 213

Pemato jayati soko
pemato jayati bhayam
pemato vippamuttassa
natthi soko kuto bhayam.

Licchavi Vatthu 214

Ratiya jayati soko
ratiya jayati bhayam
ratiya vippamuttassa
natthi soko kuto bhayam.

Anitthigandhakumara Vatthu 215

Kamato jayati soko
kamato jayati bhayam
kamato vippamuttassa
natthi soko kuto bhayam.

Annatarabrahmana Vatthu 216

Tanhaya japati soko
tanhaya jayati bhayam
tanhaya vippamuttassa
natthi soko kuto bhayam.

213

De la pasión nace el dolor y también el miedo. Si un hombre está libre de pasión, está libre de miedo y de aflicción.

214

De la sensualidad nace el dolor y también el miedo. Si un hombre está libre de sensualidad, está libre de miedo y de dolor.

215

De la concupiscencia nace el sufrimiento y también el miedo. Si un hombre está libre de concupiscencia, lo está también de miedo y de sufrimiento.

216

Del deseo vehemente nace el sufrimiento y también el miedo. Si un hombre está libre de ese deseo, lo está también de miedo y de sufrimiento.

Siladassanasampannam
dhammattham saccavedinam
attano kamma kubbanam
tam jano kurute piyam.

Eka Anagamitthera Vatthu   218

Chandajato anakkhate
manasa ca phuto siya
kamesu ca appatibaddhacitto
«uddhamsoto» ti vuccati.

Nandiya Vatthu   219, 220

Cirappavsim purisam
durato sotthimagatam
natimitta suhajja ca
abhinandanti agatam.

Tatheva katapunnampi
asma loka param gatam
punnani patiganhanti
piyam nativa agatam.

217

El mundo ama al hombre virtuoso y con visión, que sigue el *dhamma*, la senda de la perfección, cuyas palabras son veraces y hace lo que debe.

218

Y el hombre cuyo pensamiento, henchido de determinación, anhela el infinito nirvana y está libre de placeres sensuales recibe el nombre de *uddham-soto*, «el que remonta la corriente», pues contra la corriente de las pasiones y la vida mundana se dirige al gozo del infinito.

219, 220

Así como un hombre que ha permanecido mucho tiempo lejos es recibido por sus familiares y amigos con alegría al regresar a salvo,

así también las buenas obras de un hombre en su vida le dan la bienvenida en otra vida, con la alegría de quien se reúne con un amigo que regresa.

KODHAVAGGA

Rohinikkattiyakanna Vatthu   221

Kodham jahe vippajaheyya manam
samyojanam sabbamatikkameyya
tam namarupasmimasajjanamam
akincanam nanupatanti dukkha.

Annatarabhikkhu Vatthu   222

Yo ve uppatitam kodham
ratham bhantamva varaye
tamaham sarathim brumi
rasmiggaho itaro jano.

Uttara Upasika Vatthu   223

Akkodhena jine kodham
asadhum sadhuna jine
jine kadariyam danena
saccena' likavidinam.

Mahamoggallanapanha Vatthu   224

Saccam bhane na kujjheyya
dajja appampi yacito
etehi tihi thanehi
gacche devana santike.

RENUNCIAD A LA IRA

221

Renunciad a la ira, abandonad el orgullo. El dolor no puede afectar al hombre que a nada está esclavizado y nada posee.

222

A quien puede dominar su ira en aumento, como un cochero domina su carruaje a toda velocidad, lo llamo buen conductor; los otros se limitan a sostener las riendas.

223

Venced la ira con una actitud pacífica, venced el mal con el bien. Venced al avaro con generosidad y al mentiroso con la verdad.

224

Decid la verdad, no os entreguéis a la ira, dad lo que podáis al que pida: esos tres pasos os llevarán hasta los dioses.

Ahimsaka ye munayo
niccam kayena sarmvuta
te yanti accutam thanam
yattha gantva na socare.

Punnadasi Vatthu   226

Sada jagaramananam
ahorattanusi kkhinam
nibbanam adhimuttanam
attham gacchanti asava.

Atula Upasaka Vatthu   227-230

Poranametam Atula
netam ajjatanamiva
nindanti tunhimasinam
nindanti bahubhaninam
mitabhanimpi nindanti
natthi loke anindito.

Na cahu na ca bhavissati
na cetarahi vijjati
ekantam nindito poso
ekantam va pasamsito.

Yam ce vinnu pasamsanti
anuvicca suve suve
acchiddavuttim medhavim
pannasilasamahitam.

225

Los sabios que no hieren a ser vivo alguno y mantienen el dominio de su cuerpo se dirigen hacia el inmortal nirvana, donde, una vez llegados, dejan de sufrir.

226

Quienes mantienen una vigilancia permanente, se estudian a sí mismos día y noche y se esfuerzan con toda su alma por alcanzar el nirvana verán desaparecer todas sus pasiones.

227-230

Esta es una máxima antigua, Atula, no es de nuestra época: «Culpan al hombre que guarda silencio, culpan al hombre que habla demasiado y culpan al hombre que habla demasiado poco». Ningún hombre puede librarse de culpa en este mundo.

Nunca hubo ni habrá ni hay ahora un hombre al que los hombres culpen siempre o un hombre al que siempre elogien.

Pero, ¿quién osaría culpar al hombre a quien los sabios

*Nikkham jambonadasseva
ko tam ninditumarahati
devapi nam pasamsanti
brahmunapi pasamsito.*

Chabbaggiya Vatthu 231-234

*Kayappakopam rakkheyya
kayena sambyuto siya
kayaduccaritam hitva
kayena sucaritam care.*

*Vacipakopam rakkheyya
vacaya samvuto siya
vaciduccaritam hitva
vacaya sucaritam care.*

*Manopakopam rakkheyya
manasa samvuto siya
manoduccaritam hitva
manasa sucaritam care.*

*Kayena samvutu dhira
atho vacaya sambuta
manasa samvuta dhira
te ye suparisamvuta.*

elogian día tras día, cuya vida es pura y rebosante de luz, henchida de virtud y sabiduría, y que es puro como una pura moneda de oro del río Jambu? Incluso los dioses elogian a ese hombre, incluso Brahma el Creador lo elogia.

231-234

Vigila la ira del cuerpo: domínalo. No hieras a nadie con el cuerpo y utilízalo bien.

Vigila la ira de las palabras: domínalas. No hieras con las palabras y utilízalas bien.

Vigila la ira mental: domínala. No hieras con ella y utilízala bien.

Hay hombres sabios y firmes que dominan su cuerpo, sus palabras y sus pensamientos. Son los hombres que ejercen un dominio supremo de sí mismos.

MALAVAGGA

Goghatakaputta Vatthu   235-238

*Pandupalasova danisi
yamapurisapi ca te upatthita
uyyogamukhe ca titthasi
patheyyampi ca te na vijjati.*

*So karohi dipamattano
khippam vayama pandito bhava
niddhantamalo anangano
dibbam ariyabhumim upehisi.*

*Upanitavayo ca danisi
sampayatosi yamassa santikam
vase te natthi antara
patheyyampi ca te na vijjati.*

*So karohi dipamattano
khippam vayama pandito bhava
niddhantamalo anangano
na punam jatijaram upehisi.*

APRESÚRATE Y ESFUÉRZATE

235-238

Hojas amarillas cuelgan del árbol de tu vida. Los mensajeros de la muerte están esperando. Vas a viajar hasta muy lejos. ¿Qué preparativos has hecho para el viaje?

Constrúyete una isla. Apresúrate y esfuérzate. Sé prudente. Cuando te hayas quitado el polvo de las impurezas y te hayas liberado de las pasiones pecaminosas, llegarás a la magnífica tierra de los grandes.

Estás al final de tu vida. Te vas a encontrar con la muerte. No hay lugar de descanso por el camino y careces de provisiones para el viaje.

Así, pues, constrúyete una isla. Apresúrate y esfuérzate. Sé prudente. Cuando te hayas quitado el polvo de las impurezas y te hayas liberado de las pasiones pecaminosas, te habrás liberado de lo que nace y debe morir, te habrás liberado de la vejez que acaba en la muerte.

Annatara brahmana Vatthu 239

Anupubbena medhavi
thokam thokam khane khane
kammaro rajatasseva
niddhame malamattano.

Tissatthera Vatthu 240

Ayasava malan samutthitam
tatutthaya tameva khadati
evam atidhonacarinam
sani kammani nayanti duggatim.

Laludayi Vatthu 241

Asajjhayamala manta
anutthanamala ghara
malam vanaassa kosajjam
pamado rakkhato malam.

Annatarakulaputta Vatthu 242, 243

Malitthiya duccaritam
maccheram dadato malam
mala ve papaka dhamma
asmim loke paramhi ca.

Tato mala malataram
avijja paramam malam
etam malam pahantvana
nimmala hotha bhikkhavo.

Un hombre sabio debe eliminar las impurezas de su ser, del mismo modo que un orfebre elimina las impurezas de la plata: una tras otra, poco a poco, una y otra vez.

240

Así como el óxido acaba destruyendo el hierro, las impuras transgresiones de un hombre lo conducen hasta la senda del mal.

241

La repetición insulsa es el óxido de los versículos sagrados; la falta de reparación es el óxido de las casas; la falta de ejercicio físico es el óxido de la belleza; el descuido es el óxido del vigilante.

242, 243

La falta de rectitud en su conducta es un pecado en la mujer; la tacañería es un pecado en un benefactor; las malas acciones son en verdad pecados en este mundo y en el próximo.

Pero el mayor de los pecados es en verdad el de la ignorancia. Deshazte de ese pecado, hombre, y vuélvete limpio de pecado.

Culasaribhikkhu Vatthu   244, 245

Sujivam ahirikena
kakasurena dhamsina
pakkhandina pagabbhena
samkilitthena jivitam.

Hirimata ca dujjivam
niccam sucigavesina
alinena' ppagabbhena
suddhajivena passata.

Panca Upasaka Vatthu   246-248

Yo panamatipateti
musavadanca bhasati
loke adinnamadiyati
paradaranca gacchati.

Suramerayapananca
yo naro anuyunjati
idheva meso lokasmim
mulam khanati attano.

Evam bho purisa janahi
papadhamma asannata
ma tam lobho adhammo ca
ciram dukkhaya randhayum.

244, 245

La vida parece fácil para quienes son desvergonzadamente audaces y seguros de sí mismos, astutos y arteros, sensualmente egoístas, licenciosos e impuros, arrogantes e insultantes, podridos de corrupción.

En cambio, la vida parece difícil para quienes se esfuerzan pacíficamente por alcanzar la perfección, quienes, por carecer de egoísmo, no imponen su voluntad, cuya vida es pura y que ven la luz.

246-248

Quien destruye la vida, dice mentiras, toma lo que no se le ha dado, abusa de la mujer de otro y se emborracha con bebidas fuertes socava las propias raíces de su vida.

Así, pues, debes saber, hombre, que la falta de autodominio entraña malas acciones. Procura que la avaricia y el vicio no te acarreen un largo sufrimiento.

Tissadahara Vatthu 249, 250

Dadati ve yathasaddham
yathapasadanam jano
tattha yo ca manku bhavati
paresam panabhojane
na so diva va rattim va
samadhimadhigacchati.

Yassa cetam samucchinnam
mulaghaccam samuhatam
sa ve diva va rattim va
samadhimadhigacchati.

Panca Upasaka Vatthu 251

Natthi ragasamo aggi
natthi dosasamo gaho
natthi mohasamam jalam
natthi tanhaisama nadi.

Mendakasetthi Vatthu 252

Sudassam vajjamannesam
attano pana duddsam
paresam hi so vajjani
opunati yatha bhusam
attano pana chadeti
kalimva kitava satho.

249, 250

Las personas de este mundo hacen regalos inspirados por una luz interior o por un placer egoísta. Si los pensamientos de un hombre se ven alterados por lo que otros dan o dejan de dar, ¿cómo va a poder lograr la contemplación suprema de día o de noche?

Pero aquel en que las raíces de la envidia han sido arrancadas y quemadas puede lograr de día o de noche la suprema contemplación.

251

No existe un fuego como el de la lujuria ni cadenas como las del odio. No hay maraña como la de la falsa ilusión ni torrente más turbulento que el deseo.

252

Resulta fácil ver las faltas de los demás, pero difícil ver las propias. Se muestran las faltas de los demás como paja lanzada al viento, pero se ocultan las propias como un jugador astuto esconde sus dados.

*Paravajjanupassissa
niccam ujjhanasannino
asava tassa vaddhanti
ara so asavakkhaya.*

*Akaseva padam natthi
samano natthi bahire
papancabhirata paja
nippapanca tathagata.*

*Akaseva padam natthi
samano natthi bahire
sankhara sassatta natthi
natthi buddhanaminjitam.*

253

Si un hombre ve los pecados de los demás y no cesa de pensar en sus faltas, las suyas se intensifican para siempre y dista muchísimo de acabar con ellas.

254, 255

No hay una senda en el cielo, por lo que un monje debe encontrar la senda interior. El mundo gusta de los placeres que constituyen obstáculos en el camino, pero los *tatha-gatas*, «los que ya se han ido», han cruzado el río del tiempo y han vencido al mundo.

No hay una senda en el cielo, por lo que un monje debe encontrar la senda interior. Todas las cosas desaparecen en verdad, pero los budas permanecen por siempre jamás en la eternidad.

DHAMMATTHAVAGGA

Vinicchayamahamatta Vatthu   256, 257

*Na tena hoti dhammattho
yenattham sahasa naye
yo ca attham anatthanca
ubbo niccheyya pandito.*

*Asahasena dhammena
samena nayati pare
dhammassa gutto medhavi
«dhammattho» ti pavuccati.*

Chabbaggiya Vatthu   258

*Na tena pandito hoti
yavata bahu bhasati
khemi averi abhayo
«pandito» ti pavuccati.*

Ekudanakhinasava Vatthu   259

*Na tavata dhammadharo
yavata bahu bhasati
yo ca appampi sutvana
dhammam kayena passati
sa ve dhammadharo hoti
yo dhammam nappamajjati.*

RECTITUD

256, 257

Un hombre que ajusta cuentas con premura violenta no va por la senda de la rectitud.

Un hombre sabio examina con calma lo que es justo y lo que no lo es y afronta las diferentes opiniones con verdad, sin violencia y con paz. Dicho hombre está protegido por la verdad y es un custodio de ella. Es recto y sabio.

258

No se considera sabio a quien habla y habla y vuelve a hablar, pero, si es pacífico, afectuoso y carece de temor, se lo considera en verdad sabio.

259

No se considera internado por la vía de la rectitud a quien habla con palabras eruditas, pero, si, aunque no sea un erudito, no olvida la vía recta, si cumple con sus obligaciones, sí que sigue la senda de la rectitud.

Lakundakabhaddiyatthera Vatthu 260, 261

Na tena thero so hoti
yenassa palitam siro
paripakko vayo tassa
«moghajinno» ti vuccati.

Yamhi saccanca dhammo ca
ahimsa samyamo damo
sa ve vantamalo dhiro
«thero» iti pavuccati.

Sambahulabhikkhu Vatthu 262, 263

Na vakkaranamattena
vannapokkharataya va
sadhurupo naro hoti
issuki macchari satho.

Yassa cetam samucchinnam
mulaghaccam samuhatam
sa vantadoso medhavi
«sadhurupo» ti vuccati.

Hatthaka Vatthu 264, 265

Na mundakena samano
abbato alikam bhanam
icchalobhasamapanno
samano kim bhavissati.

260, 261

Un hombre no es viejo y venerable porque tenga cabellos grises. Si un hombre solo es viejo en años, lo es en vano.

Pero un hombre es un «anciano» venerable si está en verdad libre de pecado y si alberga en su ser verdad y rectitud, apacibilidad, moderación y autodominio.

262, 263

Solo con palabras y apariencia agradables no se puede ser honorable, si se albergan envidia, codicia y engaño,

pero aquel que ha arrancado de raíz esos tres pecados y es prudente y ama es en verdad un hombre honorable.

264, 265

No es con la tonsura y la cabeza afeitada como un hombre llega a ser un *samana*, un monje. ¿Cómo puede ser *samana* un hombre, si olvida sus votos religiosos, si no dice la verdad, si sigue abrigando deseo y codicia?

Yo ca sameti papani
anumthulani sabbaso
samitatta hi papanam
«samano» ti pavuccati.

Annatarabrahmana Vatthu   266, 267

Na tena bhikkhu so hoti
yavata bhikkhate pare
vissam dhammam samadaya
bhikkhu hoti na tavata.

Yo'dha punnanca papanca
bahetva brahmacariyava
sankhaya loke carati
sa ve «bhikkhu» ti vuccati.

Titthiya Vatthu   268, 269

Na monena muni hotimulharupo aviddasu
yo ca tulamva paggayha
varama daya pandito.

Papani parivajjeti
sa muni tena so muni
yo munati ubho loke
«muni» tena pavuccati.

Pero quien convierte en paz todo mal, ya sea grande o pequeño, es en verdad un *samana*, porque todo su mal es paz.

266, 267

No se es un *bhikkhu* mendicante por llevar vida de mendigo. Un hombre solo puede ser de verdad un *bhikkhu*, si acepta la ley de la rectitud y rechaza la ley de la carne.

Pero quien está por encima del bien y del mal, quien lleva una vida casta y pasa la vida meditando, es en verdad un *bhikkhu*.

268, 269

Si un hombre guarda silencio solo porque es ignorante o idiota,

no es un pensador silencioso, un *muni*, que piensa y reflexiona, pero si, como quien toma una balanza y pone en ella lo bueno y rechaza lo malo, sopesa los dos mundos, sí que merece el calificativo de *muni* del silencio, un hombre que piensa y reflexiona.

*Na tena ariyo hoti
yena panani himsati
ahimsa sabbapapnam
«ariyo» ti pavuccati.*

Sambahulasiladisampannabhikkhu Vatthu   **271, 272**

*Na silabbatamattena
bahusaccena va pana
atha va samadhilabhena
vivittasayanena va.*

*Phusami nekkhammasukham
aputhujjanasevitam
bhikkhu vissasamapadi
appatto asavakkhayam.*

Un guerrero que mata a otros hombres no es un gran hombre, sino que lo es en verdad quien no lastima a ningún ser vivo.

271, 272

No es con mera moralidad o ritual, con gran erudición o

profunda concentración o por yacer en un lecho solitario como puedo alcanzar el júbilo de la libertad que desconocen las personas mundanas. Mendicante, no te sientas satisfecho de ti mismo, que aún no has obtenido la victoria.

MAGGAVAGGA

Pancasatabhikkhu Vatthu   273-276

*Magganatthangiko settho
saccanam caturo pada
virago settho dhammanam
dvipadananca cakkhuma.*

*Eseva maggo natthanno
dassanassa visuddhiya
etanhi tumhe patipajjatha
marassetam pamohanam.*

*Etanhi tumhe patipanna
dukkhassantam karissatha
akkhato vo rnaya maggo
annaya sallakantanam.*

*Tumhehi kiccamatappam
akkhataro tathagata
patipanna pamokkhanti
jhayino marabandhana.*

LA SENDA

273-276

La mejor de las sendas es la óctuple. La mejor de las verdades es la de las cuatro máximas. El mejor de los estados es la carencia de pasiones. El mejor de los hombres es el que ve.

Esa es la mejor senda. No hay otra que propicie la visión clara. Sigue esa senda y confundirás a *mara*, el demonio de la confusión.

Quien sigue esa senda llega hasta el final de las penas. Yo mostré esa senda al mundo cuando descubrí las raíces de la aflicción.

Eres tú quien debe esforzarse. Los grandes del pasado solo muestran el camino. Los que piensan y siguen la senda se liberan de las ataduras de *mara*.

Aniccalakkhana Vatthu 277-279
Dukkhalakkhana Vatthu
Anattalakkhana Vatthu

«Sabbe sankhara anicca» ti
yada pannaya passati
atha nibbindati dukkhe
esa maggo visuddhiya.

«Sabbe sankhara dukkha» ti
yada pannaya passati
atha nibbindati dukkhe
esa maggo visuddhiya.

«Sabbe sankhara anatta» ti
yada pannaya passati
atha nibbindati dukkhe
esa maggo visuddhiya.

Padhanakammikatissatthera Vatthu 280

Utthana kalamhi anutthahano
yuva bali Alasiyam upeto
samsanna sankappamano kusito
pannaya maggam alaso na vindati.

Sukarapeta Vatthu 281

Vacanurakkhi manasa susamvuto
kayena ca nakusalam kayira
ete tayo kammapathe visodhaye
aradhaye magga' misippaveditam.

«Todo es transitorio.» Quien lo comprende transciende la aflicción. Esa es la senda clara.

«Todo es aflicción.» Quien lo comprende transciende la aflicción. Esa es la senda clara.

«Todo es irreal.» Quien lo comprende transciende la aflicción. Esa es la senda clara.

280

Quien, cuando es joven y fuerte, no se alza y se esfuerza cuando debe hacerlo, sino que se hunde en la pereza y la falta de determinación, nunca encontrará la senda de la sabiduría.

281

Un hombre debe dominar sus palabras y sus pensamientos y no lastimar a nadie con su cuerpo. Si esas obras suyas son puras, podrá avanzar por la senda de los sabios.

Potthilatthera Vatthu

Yoga ve jayati bhuri
ayoga bhurisankhayo
etam dvedhapatham natva
bhavaya vibhavaya ca
tatha ttanam niveseyya
yatha bhuri pavaddhati.

Pancamahallakabhikkhu Vatthu

Vanam chindatha ma rukkham
vanato jayate bhayam
chetva vananca vanathanca
nibbana hotha bhikkhavo.

Yava hi vanatho na chijjati
anumattopi narassa narisu
patibaddhamanova tava so
vaccho khirapakova matari.

Suvannakaratthera Vatthu

Ucchinda sinehamattano
kumudam saradikamva panina
santimaggameva bruhaya
Nibbanam sugatena desitam.

El yoga espiritual conduce a la luz; la falta de yoga, a la obscuridad. El sabio, tras sopesar las dos vías, se internará por la senda que conduce a la luz.

283, 284

Tala el bosque de los deseos y no solo un árbol, pues el peligro estriba en el bosque. *Bhikkhus*, si taláis el bosque y su maleza, seréis libres por la senda de la libertad.

Mientras no contenga el deseo concupiscente, por pequeño que sea, del hombre por las mujeres, los pensamientos del hombre no serán libres, sino que estarán atados como un becerro a una vaca.

285

Arranca de ti el egoísmo, como lo harías con un loto marchito en otoño. Persevera por la senda de la paz, la senda del nirvana, mostrada por Buda.

Mahadhanavanija Vatthu 286

Idha vassam vasissami
idha hemantagimhisu
iti balo vicinteti
antarayam na bujjhati.

Kisagotami Vatthu 287

Tam puttapasusammattam
byasattamanasam naram
suttam gamam mahoghova
maccu adaya gacchati.

Patacara Vatthu 288, 289

Na santi putta tanaya
na pita napi bandhava
antakena' dhipannassa
natthi natisu tanata.

Etamatthavasam natva
pandito silasamvuto
nibbanagamanam maggam
khippameva visodhaye.

«Aquí moraré en la estación de las lluvias y también en el invierno y el verano»: eso piensa el idiota, pero no piensa en la muerte.

287

Pues la muerte se lleva al hombre satisfecho con sus hijos y sus rebaños, como un torrente se lleva por delante una aldea dormida.

288, 289

Ni el padre ni los hijos ni los parientes pueden detener al rey de la muerte. Cuando llega con toda su fuerza, los parientes de un hombre no pueden salvarlo.

Un hombre virtuoso y sabio entiende lo que eso significa y se apresura a abrir una senda que conduzca al nirvana.

PAKINNAKAVAGGA

Attanopubbakamma Vatthu   290

Matta sukhapariccaga
passe ce vipulam sukham
caje mattasukhirh dhiro
sampassam vipulam sukham.

Kukkutandakhadika Vatthu   291

Paradukkhupadhanena
athno sukhamicchati
verasamsaggasamsattho
vera so na parimuccati.

Bhaddiyanam bhikkhunam Vatthu   292, 293

Yam hi kiccam apaviddham
akiccam pana kariyati
unnalanam pamattanam
tesam vaddhanti asava.

Yesanca susamaraddha
niccam kayagata sati
akiccam te na sevanti
kicce sataccakarino
satanam Sampajananam
attham gacchanti asava.

EN ESTADO DE VELA

290

Si al renunciar a un pequeño placer, se siente un gran gozo, el sabio pondrá la vista en lo mayor y renunciará a lo menor.

291

Quien busca la felicidad haciendo infelices a otros está atado a las cadenas del odio y no puede librarse de ellas.

292, 293

Los hombres orgullosos e irreflexivos, por no hacer lo que deben y hacer lo que no deben, aumentan sus deseos pecaminosos.

Pero quienes siempre son cuidadosos al obrar y nunca hacen lo que no deben son los que están alerta y dan muestras de prudencia, por lo que sus deseos pecaminosos se extinguen.

Lakundaka Bhaddiya Vatthu   294, 295

Mataram pitaram hantva
rajano dye ca khattiye
rattham sanucaram hantva
anigho yati brahmano.

Mataram pitaram hantva
rajano dve ca sotthiye
veyagghapancamam hantva
anigho yati brahmano.

Darusakatikaputta Vatthu   296-301

Suppabuddham pabujjhanti
sada gotamasavaka
yesam diva ca ratto ca
niccam buddhagata sati.

Suppabuddham pabujjhanti
sada gotamasavaka
yesam diva ca ratto ca
niccam dhammagata sati.

Suppabuddham pabujjhanti
sada gotamasavaka
yesam diva ca ratto ca
niccam samghagata sati.

Suppabuddham pabujjhanti
sada gotamasavaka
yesam diva ca ratto ca
niccam kayagata sati.

Y un santo, un brahmin, ha purificado los pecados del pasado, aun cuando haya matado a sus padres, haya asesinado a dos reyes nobles y haya asolado todo un reino y a su pueblo.

Un santo, un brahmin, ha purificado los pecados del pasado, aun cuando haya matado a sus padres y haya asesinado a dos reyes santos y también al mejor de los hombres.

296-301

Los discípulos de Buda Gotama están despiertos y alerta siempre y recuerdan a Buda, su maestro, constantemente, día y noche.

Los discípulos de Buda Gotama están despiertos y alerta siempre y recuerdan la Verdad de la Ley constantemente, día y noche.

Los discípulos de Buda Gotama están despiertos y alerta siempre y recuerdan la hermandad sagrada constantemente, día y noche.

Los discípulos de Buda Gotama están despiertos y alerta siempre y recuerdan el misterio del cuerpo constantemente, día y noche.

Suppabuddham pabujjhanti
sada gotamasavaka
yesam diva ca ratto ca
ahimsaya rato mano.

Suppabuddham pabujjhanti
sada gotamasavaka
yesam diva ca ratto ca
bhavanaya rato mano.

Vajjiputtakabhikkhu Vatthu 302

Duppabbajjam durabhiramam
duravasa ghara dukha
dukkho' samanasamvaso
dukkhanupatitaddhagu
tasma na caddhagu siya
na ca dukkhanupatito siya.

Cittagahapati Vatthu 303

Saddho silena sampanno
yaso bhogasamappito
yam yam padesam bhajati
tattha tattheva pujito.

Culasubhadda Vatthu 304

Dure santo pakasenti
himavantova pabbato
asantettha na dissanti
rattim khitta yatha sara.

Los discípulos de Buda Gotama están despiertos y alerta siempre y sienten el gozo del amor a todos los seres constantemente, día y noche.

Los discípulos de Buda Gotama están despiertos y alerta siempre y sienten el gozo de la contemplación suprema constantemente, día y noche.

302

Es doloroso abandonar el mundo, como también lo es estar en él y estar solo entre muchos. El largo camino de la transmigración es doloroso para el viajero: que descanse al borde del camino y sea libre.

303

Si un hombre tiene fe y virtud, tiene gloria y un tesoro de verdad. Dondequiera que vaya, será honrado.

304

Los buenos brillan desde lejos, como las montañas del Himalaya, pero los malos viven en la obscuridad, como flechas disparadas de noche.

Ekasanam ekaseyyam
eko caramatandito
eko damayamattanam
vanante ramito siya.

Quien puede vivir solo y permanecer en la soledad y nunca se cansa de su gran labor puede vivir jubiloso, en pleno dominio de sí mismo, en la linde del bosque de los deseos.

XXII

NIRAYAVAGGA

Sundariparibbajika Vatthu 306

Abhutavadi nirayam upeti
yo vapi katva na karomi caha
ubhopi te pecca sama bhavanti
nihinakamma manuja parattha.

Duccaritaphalapilita Vatthu 307

Kasavakantha bahavo
papadhamma asannata
papa papehi kammehi
nirayam te upapajjare.

Vaggumudatiriya Bhikkhu Vatthu 308

Seyyo ayogulo bhutto
tatto aggisikhupamo
yance bhunjeyya dussilo
ratthapindamasannato.

Khemakasetthiputta Vatthu 309, 310

Cattari thanani naro pamatto
apajjati paradarupasevi
apunnalabham na nikamaseyyam
nindam tatiyam nirayam catuttham.

EN LA OBSCURIDAD

306

Quien dice lo que no es cierto baja por el camino del infierno, como también quien dice que no ha hecho lo que —como sabe perfectamente— ha hecho. Al final, los dos han de sufrir, porque los dos faltaron a la verdad.

307

Muchos que se visten con la túnica amarilla no llevan una vida pura y carecen de autodominio. Esos hombres malvados vuelven a nacer, por sus malas acciones, en un infierno de maldad.

308

Pues más convendría a un hombre malvado tragar una bola de hierro candente que aceptar los alimentos que le ofrezcan hombres buenos.

309, 310

Cuatro cosas suceden al hombre irreflexivo que se apropia de la esposa de otro: se envilece, su placer no es apacible, otros lo acusan y va al infierno.

Apunnalahho ca gati ca papika
bhitassa bhitaya rati ca thokika
raja ca dandam garukam paneti
tasma naro paradaram na seve.

Dubbacabhikkhu Vatthu   311-313

Kuso yatha duggahito
hatthameva' nukantati
samannam dupparamattham
nirayayu' pakadhati.

Yam kinci sithilam kammam
samkilitthanca yam vatam
sankassaram brahmacariyam
na tam hoti mahapphalam.

Kayira ce kayirathenam
dalhamenam parakkame
sithilo hi paribbajo
bhiyyo akirate rajam.

Issapakata Itthi Vatthu   314

Akatam dukkatam seyyo
paccha tappati dukkatam
katanca sukatam seyyo
yam katva nanutappati.

Sí. Si tiene en cuenta estas cuatro cosas: la degradación del alma, un placer embargado de miedo, el peligro de la ley y el camino del infierno, ningún hombre debe ir tras la esposa de otro.

311-313

Así como un manojo de la hierba *kusa* corta la mano de quien no lo toma con destreza, así también la vida de un monje, si no es correcta, no hará otra cosa que conducirlo al Infierno.

Pues, cuando los actos de devoción se realizan descuidadamente, se transgreden los votos y la vida devota no es pura, no pueden dar buenos frutos.

Cuando un hombre tiene algo que hacer, debe hacerlo con todo su tesón. Un peregrino irreflexivo no hace otra cosa que levantar polvo por el camino: el de los deseos peligrosos.

314

Más vale no hacer nada que obrar mal, pues las malas acciones acarrean una intensa aflicción. Así, pues, haz lo que debes, ya que las buenas acciones nunca engendran dolor.

Nagaram yatha paccantam
guttam santarabahiram
evam gopetha attanam
khano vo ma upaccaga
khanatita hi socanti
nirayamhi samappita.

Nigantha Vatthu   316, 317

Alajjitaye lajjanti
lajjitaye na lajjare
micchaditthisamadana
satta gacchanti duggatim.

Abhaye thayadassino
bhaye cabhayadassino
micchaditthisamadana
satta gacchanti duggatim.

Titthiyasvaka Vatthu   318, 319

Avajje vajjamatino
vajje cavajjadassi no
micchaditthisamada
satta gacchanti duggatim.

Vajjanca vajjato natva
avajjanca avajjato
sammaditthisamadana
satta gacchanti suggatim.

315

Como una ciudad fronteriza bien protegida por dentro y por fuera, así debe un hombre protegerse de sí mismo y no dejar pasar ni un momento sumido en negligencia. Quienes dejan pasar su vida negligentemente al final han de sufrir en el Infierno.

316, 317

Quienes se avergüenzan, cuando no tienen motivos para ello, y no lo hacen, cuando sí que los tienen, son hombres muy errados y siguen el camino de la perdición.

Quienes temen lo que no deberían y no temen lo que deberían son personas que profesan opiniones muy equivocadas y siguen el camino de la perdición.

318, 319

Quienes creen que lo correcto no lo es y lo incorrecto sí que lo es sostienen opiniones erradas y siguen el camino de la perdición.

Pero quienes consideran que lo incorrecto lo es y lo correcto lo es sostienen opiniones acertadas y siguen el camino de la elevación.

Attadanta Vatthu 320-322

Aham nagova sangame
capato patitam saram
ativakyam titikkhissam
dussilo hi bahujjano.

Dantam nayanti samitim
dantam raja' bhiruhati
danto settho manussesu
yo' tivakyam titikkhati.

Varamassatara danta
ajaniya ca sindhava
kunjara ca mahanaga
attadanto tato varam.

Hatthacariyapubbaka Bhikkhu Vatthu 323

Na hi etehi yanehi
gaccheyya agatam disam
yatha' ttana sudantena
danto dantena gacchati.

RESISTENCIA

320-322

Resistiré las palabras que hieren en el silencio de la paz, como un fuerte elefante resiste en la batalla las flechas lanzadas por el arco, pues muchas personas carecen de autodominio.

Llevan elefantes adiestrados a la batalla y los reyes cabalgan elefantes reales adiestrados. Los hombres mejores son los que se han adiestrado a sí mismos, los que pueden resistir en paz los abusos.

Las mulas adiestradas son buenas, como también lo son los nobles caballos de Sindh. Los elefantes fuertes, si están bien adiestrados, son buenos, pero el mejor es el hombre que se adiestra a sí mismo.

323

Pues no es con esos animales que se pueden cabalgar como un hombre llegará a la tierra desconocida. Alcanza el nirvana el hombre que sabia y heroicamente se adiestra a sí mismo.

Parijinna Brahmanaputta Vatthu   324

Dhanapalo nama kunjaro
katukabhedano dunnivarayo
baddho kabalam na bhunjati
sumarati nagavanassa kunjaro.

Pasenadikosala Vatthu   325

Middhi yada hoti mahagghaso ca
niddayita samparivattasayi
mahavarahova nivapaputtho
punappunam gabbhamupeti mando.

Sanusamanera Vatthu   326

Idam pure cittamacari carikam
yenicchakam yatthakamam yathasukham
tadajjaham niggahessami yoniso
hatthippabhinnam viya ankusaggaho.

Paveyyakahatthi Vatthu   327

Appamadarata hotha
sacittamanurakkhatha
dugga uddharath' attanam
panke sannova kunjaro.

324

El gran elefante llamado *Dhana-palaka* es difícil de dominar,
cuando está en celo, y se niega a comer, cuando está cautivo,
pues recuerda la arboleda de los elefantes.

325

El insensato que es vago y glotón, come y duerme en exceso
y se enfanga como un cerdo alimentado en su pocilga renace a
una vida de muerte.

326

En tiempos, estos pensamientos míos solían descarriarse por
donde el deseo egoísta o la lujuria o el placer los condujera.
Ahora estos pensamientos no se descarrían, sino que están so-
metidos a la armonía de la contención, como un elefante salva-
je es sometido por el adiestrador.

327

Disfruta con la vigilancia; protege bien tu entendimiento.
Elévate por encima de tu yo inferior, así como un elefante se
sale de una ciénaga.

Sace labhetha nipakam sahayam
saddhim caram sadhu vihari dhiram
abhibhuyya sabbani parissayani
careyya tena' ttamano satima.

No ce labhetha nipakam sahayam
saddhim caram sadhu vihari dhiram
rajava rattham vijitam pahaya
eko care matanga' ranneva nago.

Ekassa caritam seyyo
natthi bale sahayata
eko care na ca papani kayira
appossukko matanga' ranneva nago.

Mara Vatthu   331-333

Atthamhi jatamhi sukha sahaya
tutthi sukha ya itaritarena
punnam sukham jivitasankhayamhi
sabbassa dukkhassa sukham pahanam.

Sukha matteyya loke
atho petteyyata sukha
sukha samannata loke
atho brahmannata sukha.

Sukham yava jara silam
sukha saddha patitthita
sukho pannaya patilabho
papanam akaranam sukham.

Si en el viaje de la vida un hombre puede encontrar un amigo sensato e inteligente, que sea bueno y tenga autodominio, puede unirse a él y con alegría y compostura vencerán los peligros del viaje.

Pero, si en el viaje de la vida un hombre no puede encontrar un amigo sensato e inteligente, que sea bueno y tenga autodominio, debe viajar solo, como un rey que ha abandonado su país o como un gran elefante solo en el bosque.

Pues es mejor dirigirse solo por la senda de la vida que tener por compañero a un idiota. Viaje un hombre solo, con pocos deseos y pocas preocupaciones y dejando atrás todos los pecados, como un gran elefante solo en el bosque.

331-333

Es muy agradable tener amigos en caso de necesidad y también lo es compartir la alegría. Es muy agradable haber hecho el bien antes de morir y también lo es abandonar todo el dolor.

Es muy agradable en este mundo ser madre y también lo es ser padre. Es muy agradable en este mundo ser monje y también lo es ser un santo brahmín.

Es muy agradable disfrutar de la virtud a lo largo de toda una vida y también lo es una fe pura y firme. Es muy agradable alcanzar la sabiduría y también lo es estar libre de pecado.

TANHAVAGGA

Kapilamaccha Vatthu   334-337

Manujassa pamattacarino
tanha vaddhati maluva viya
so plavati hura huram
phalamicchamva vanasmi vanaro.

Yam esa sahate jammi
tanha loke visattika
soka tassa pavaddhanti
abhivatthamva biranam.

Yo cetam sahate jammim
tanham loke duraccayam
soka tamha papatanti
udabindu va pokkhara.

Tam vo vadami bhaddam vo
yavante' ttha samagata
tanhaya mulam khanatha
usiratthova biranam
ma vo nalamva sotova
maro bhanji punappunam.

APETENCIAS

334-337

Si un hombre no aspira al nirvana, sus apetencias crecen como la yedra y salta de muerte en muerte como un mono en el bosque de un árbol sin fruto a otro.

Y, cuando sus apetencias lo dominan, sus penas aumentan cada vez más, como la enredadera llamada *birana*.

Pero quien en este mundo domine sus apetencias egoístas se verá libre de penas, como las gotas de agua que caen de una flor de loto.

Así, pues, con amor os digo a todos cuantos habéis acudido aquí: cortad las ataduras a los deseos, como se corta la enredadera llamada *birana* para obtener su fragante raíz llamada *usira*. No seáis como una caña junto a un río, que *mara*, el diablo de la tentación, aplasta una y otra vez.

Yathapi mule anupaddave dalhe
chinnopi rukkho punareva ruhati
evampi tanhanusaye anuhate
nibbattati dukkhamidam punappunam.

Yassa chattimsati sota
manapasavana bhusa
maha vahanti dudditthim
sankappa raganissita.

Savanti sabbadhi sota
lati uppajja titthati
tanca disva latam jatam
mulam pannaya chindatha.

Saritani sinehatani ca
somanassani bhavanti jantuno
te satasita sukhesino
te ve jatijarupaga nara.

Tasinaya purakkhata paja
parisappanti sasova bandhito
samyojanasangasattaka
dukkhamupenti punappunam ciraya.

Tasinaya purakkhata paja
parisappanti sasova bandhito
tasma tasinam vinodaye
akankhanta viragamattano.

Así como un árbol, pese a haber sido talado, puede volver a crecer una y otra vez, si sus raíces están intactas y son fuertes, así también, si las raíces de las apetencias no han sido arrancadas totalmente, las aflicciones volverán una y otra vez.

Cuando los treinta y seis ríos de las apetencias de un hombre sin juicio, cuyas imaginaciones son deseos libidinosos, corren, pujantes, hacia los placeres, sus potentes olas lo arrastran.

Los ríos corren por doquier. La enredadera de las apetencias crece por doquier. Si veis crecer la enredadera, cortadle las raíces con la fuerza de la sabiduría.

Los placeres sensuales de los hombres corren por doquier. Los hombres que buscan los placeres a los que están esclavizados padecen en la vida y la vejez.

Los hombres perseguidos por la concupiscencia corren como liebres que huyen de los cazadores. Sujetos con grilletes y ataduras, sufren sin cesar.

Los hombres perseguidos por la concupiscencia corren como liebres que huyen de los cazadores. Para que un monje venza la concupiscencia, primero debe vencer los deseos.

Vibbhantabhikkhu Vatthu   344

Yo nibbanatho vanadhimutto
vanamutto vanameva dhavati
tam puggalametha passatha
mutto bandhanameva dhavati.

Bandhanagara Vatthu   345, 346

Na tam dalham bandhanamahu dhira
yadayasam darujapabbajanca
sarattaratta manikundalesu
puttesu daresu ca ya apekkha.

Etam dalham bandhanamahu dhira
oharinam sithilam duppamuncam
etampi chetvana paribbajanti
anapekkhino kamasukham pahaya.

Khematheri Vatthu   347

Ye ragaratt'nupatanti sotam
sayamkatam makkatakova jalam
etampi chetvana vajanti dhira
anapekkhino sabbadukkham pahaya.

Uggasena Vatthu   348

Muncapure munca pacchato
majjhe munca bhavassa paragu
sabbattha vimuttamanaso
na punam jatijaram upehisi.

344

Del hombre que, tras disfrutar con la soledad, libre de deseos, regresa a su vida de antiguos placeres se podría decir: «¡Era libre y volvió a su prisión!».

345, 346

Los sabios no consideran fuertes los grilletes hechos de hierro, madera o cuerda; mucho más fuertes son los de la pasión por el oro y las joyas, los hijos o las esposas.

Esos son en verdad unos grilletes fuertes, dice el sabio. Parecen blandos, pero arrastran a un hombre y resultan muy difíciles de romper. Por esa razón, algunos hombres los rompen, renuncian a la vida del mundo y se encaminan por la senda que deja atrás los placeres.

347

Quienes son esclavos de los deseos corren por el río de los deseos, como una araña corre por la tela que ha hecho. Por esa razón, algunos hombres rompen sus grilletes y se encaminan por la senda que deja atrás las penas.

348

Deja atrás el pasado; deja atrás el futuro; deja atrás el presente. Entonces estarás preparado para llegar hasta la otra orilla. Nunca más regresarás a una vida que acaba en la muerte.

Culadhanuggaha Pandita Vatthu
349, 350

Vitakkamathitassa jantuno
tibbaragassa subbhanupassino
bhiyyo tanha pavaddhati
esa kho dalham karoti bandhanam.

Vitakkupasame ca yo rato
asubham bhavayate sada sato
esa kho byanti kahiti
esa cheechati marabandhanam.

Mara Vatthu
351, 352

Nitthangato asantasi
vitatanho anangano
acchindi bhavasallani
antimoyam samussayo.

Vitatanho anadano
niruttipadakovido
akkharanam sannipatam
janna pubbaparani ca
sa ve «antimasariro
mahpanno mahapuriso» ti vuccati.

Upakajivaka Vatthu
353

Sabbabhibhu sabbaviduhamasmi
sabbesu dhammesu anupalitto
sabbanjaho tanhakkhaye vimutto
sayam abhinnaya kamuddiseyyam.

349, 350

El hombre perturbado por malos pensamientos, cuyas pasiones egoístas son poderosas y que solo busca los placeres sensuales aumenta sus deseos vehementes y refuerza las cadenas que forja para sí mismo.

Pero quien goza de pensamientos pacíficos, reflexiona sobre las penas del placer y siempre recuerda la luz de su vida verá el fin de sus deseos y romperá las cadenas de la muerte.

351, 352

Ha llegado al final de su viaje, no tiembla, sus apetencias han desaparecido, está libre de pecado, ha quemado las espinas de la vida: ese es su último cuerpo mortal.

Está libre de concupiscencia, está libre de codicia, conoce el significado de las palabras y de sus combinaciones, es un gran hombre, un gran hombre que ve la luz: ese es su último cuerpo mortal.

353

He superado todo, sé todo y mi vida es pura; he dejado todo y estoy libre de deseos vehementes. Yo mismo he encontrado el camino. ¿A quién llamaré maestro? ¿A quién enseñaré?

Sakkapanha Vatthu 354

Sabbadanam dhammadanam jinati
sabbarasam dhammaraso jinati
sabbaratim dhammarati jinati
tanhakkhayo sabbadukkham jinati.

Aputtakasetthi Vatthu 355

Hananti bhoga dummedham
no ca paragavesino
bhogatanhaya dummedho
hanti anneva attanam.

Ankura Vatthu 356-359

Tinadosani khettani
ragadosa ayam paja
tasma hi vitaragesu
dinnam hoti mahapphalam.

Tinadosani khettani
dosadosa ayam paja
tasma hi vitadosesu
dinnam hoti mahapphalam.

Tinadosani khettani
mohadosa ayam paja
tasma hi vitamohesu
dinnam hoti mahapphalam.

354

El don de la verdad supera todos los dones. El gusto de la
verdad supera todas las dulzuras. El gozo de la verdad supera
todos los placeres. La pérdida de los deseos supera todas las penas.

355

La riqueza destruye al insensato que no busca el más allá.
Con su codicia de riquezas, el insensato se destruye a sí mismo,
como si fuera su propio enemigo.

356-359

Los hierbajos dañan a los campos, las pasiones dañan a la
naturaleza humana; las ofrendas hechas a quienes están libres
de pasiones rinden una gran recompensa.

Los hierbajos dañan a los campos, el odio daña a la naturaleza humana; las ofrendas hechas a quienes están libres de odio
rinden una gran recompensa.

Los hierbajos dañan a los campos, las falsas ilusiones dañan
a la naturaleza humana; las ofrendas hechas a quienes están libres de falsas ilusiones rinden una gran recompensa.

Tinadosani khettani
icchadosa ayam paja
tasma hi vigaticchesu
dinnam hoti mahapphalam.

Los hierbajos dañan a los campos, el deseo daña a la naturaleza humana; las ofrendas hechas a quienes están libres de deseo rinden una gran recompensa.

XXV

BHIKKHUVAGGA

Pancabhikkhu Vatthu   360, 361

Cakkhuna samvaro sadhu
sadhu sotena samvaro
ghanena samvaro sadhu
sadhu jivhaya sarmvaro.

Kayena samvaro sadhu
sadhu vacaya samvaro
manasa samvaro sadhu
sadhu sabbattha samvaro
sabattha sambuto bhikkhu
sabbadukkha pamuccati.

Hamsaghatakabhikkhu Vatthu   362

Hatthasamyato padasamyato
vacasamyato samyatuttamo
ajjhattarato samahito
eko santusito tamahu bhikkhum.

Kokalika Vatthu   363

Yo mukhasamyato bhikkhu
mantabhani anuddhato
attham dhammanca dipeti
madhuram tassa bhasitam.

25

EL MONJE

360, 361

Conviene dominar el ojo y también el oído; conviene dominar el olfato y también el gusto.

Conviene dominar el cuerpo y también las palabras; conviene dominar los pensamientos y también toda nuestra vida interior. Cuando un monje ha logrado el autodominio perfecto, deja atrás todas las penas.

362

El hombre que domina sus manos, sus pies y sus palabras, tiene autodominio en todas las cosas, encuentra el gozo interior y tiene pensamientos serenos, no está dividido y ha encontrado la paz perfecta es digno del nombre de monje.

363

Dulces son las palabras del monje que domina su habla, solo pronuncia palabras pacíficas y sabias, es humilde y arroja luz a la letra y el espíritu de los versículos sagrados.

Dhammaramatthera Vatthu 364

Dhammaramo dhammarato
dhammam anuvicintayam
dhammam anussaram bhikkhu
saddhamma na parihayati.

Vipakkhasevaka Bhikkhu Vatthu 365, 366

Salabham natimanneyya
na' nnesam pihayam care
annesam pihayam bhikkhu
samadhim nadhigacchati.

Appalabhopi ce bhikkhu
salabham nati mannati
tam ve deva pasamasanti
suddhajivim atanditam.

Pancaggadayaka Brahmana Vatthu 367

Sabbaso namarupasmim
yassa natthi mamayitam
asata ca na socati
sa ve «bhikkhu» ti vuccati.

Sambahulabhikkhu Vatthu 368-376

Mettavihari yo bhikkhu
pasanno buddhasasane
adhigacche padam santam
sankharupasamam sukham.

364

El monje que se atiene a la verdad del *dhamma*, goza con ella, medita sobre ella y recuerda su verdad nunca se alejará del *dhamma*, de la verdad.

365, 366

Que no desprecie las ofrendas que se le hagan y no sienta envidia de los demás, porque el monje que siente envidia no puede lograr la contemplación profunda.

Al monje que desprecia lo que reciba, por poco que sea, incluso los dioses lo loarán, porque su vida es pura y está henchida de esfuerzo.

367

Aquel para el que «nombre y forma» no son realidades, nunca siente que algo sea suyo y no se aflige por cosas irreales es digno en verdad del nombre de monje.

368-376

El monje embargado de amor y que vive plenamente conforme a la ley de Buda sigue la senda del nirvana, la senda del fin de toda aflicción, la senda del gozo infinito.

Sinca bhikkhu imam navam
sitta te lahumessati
chetva raganca dosanca
tato nibbanamehisi.

Panca chinde panca jahe
panca cuttari bhavaye
pancasangatigo bhikkhu
«oghatinno» ti vuccati.

Jhaya bhikkhu ma pamado
ma te kamagune ramessu cittam
ma lohagulam gili pamatto
ma kandi «dukkhamidan» ti dayhamano.
Natthi jhanam apannassa
panna natthi ajhayato
yamhi jhananca panna ca
sa ve nibbanasantike.

Sunnagaram pavitthassa
santacittassa bhikkhuno
amanusi rati hoti
samma dhammam vipassato.

Yato yato sammasati
khandhanam udayabbayam
labhati pitipamojjam
amatam tam vijanatam.

Vacía el barco de tu vida: cuando esté vacío, navegará veloz. Cuando estés vacío de pasiones y deseos perniciosos, irás rumbo a la tierra del nirvana.

Prescinde de estas cinco cosas: egoísmo, duda, austeridades y ritos falsos, lujuria, odio; deshazte de estas cinco: deseo de nacer con un cuerpo o sin cuerpo, terquedad, desasosiego, ignorancia; pero adora estas cinco: fe, vigilancia, energía, contemplación, visión. Quien ha roto los cinco grilletes —lujuria, odio, falsa ilusión, orgullo, falsas apreciaciones— ha cruzado a la otra orilla.

Vigila, *bhikku.* Súmete en profunda contemplación y no pienses en el placer, para que no debas pensar en el dolor, como quienes en el fuego del infierno tienen que tragar un bola de hierro incandescente.

Quien carece de sabiduría carece de capacidad de contemplación y quien carece de esta carece de aquella, pero quien tiene las dos está muy cerca del nirvana.

Cuando un monje entra en su casa con la cabeza embargada de paz y silencio, siente el gozo sobrenatural de contemplar la luz de la verdad.

Y, cuando ve con claridad las idas y venidas de los episodios interiores, siente el infinito gozo de quienes ven el inmortal AQUEL, el nirvana inmortal.

Tatrayamadi bhavati
idha pannassa bhikkhuno
indriyagutti santutthi
patimokkhe ca samvaro.

Mitte bhajassu kalyane
suddhajive atandite
patisantharavutyassa
acarakusalo siya
tato pamojjabahulo
dukkhassantam karissati.

Pancasatabhikkhu Vatthu 377

Vassika viya pupphani
maddavani pamuncati
evam raganca dosanca
vippamuncetha bhikkhavo.

Santakayatthera Vatthu 378

Santakayo santavaco
santava susamahito
vantalokamiso bhikkhu
«Upasanto» ti vuccati.

Nangalakulatthera Vatthu 379, 380

Attana codayattanam
patimamsetha attana
so attagutto satima
sukham bhikkhu vihahisi.

Ese es el comienzo de la vida de un monje sabio: autodominio de los sentidos, felicidad, vida sometida a la ley moral, y asociación con buenos amigos cuya vida es pura y que no cesan de esforzarse.

Que viva henchido de amor, que haga bien su labor y verá, embargado de gozo, el fin de la aflicción.

377

Como caen las flores marchitas del jazmín *vasika*, dejad caer de vosotros, monjes, todas las malas pasiones y toda la mala voluntad.

378

Se dice que un monje es un *bhikkhu* de paz cuando su cuerpo, sus palabras y su mente son pacíficos, cuando es dueño de sí mismo y ha dejado atrás las bajas atracciones del mundo.

379, 380

¡Álzate! Despiértate mediante tu yo, adiéstrate mediante tu yo. Al amparo de tu yo y en vela permanente, vivirás embargado de gozo supremo.

Atta hi attano natho
(ko hi natho paro siya)
atta hi attano gati
tasma samyamamattanam
assam bhadramva vanijo.

Vakkalitthera Vatthu   381

Pamojjabahulo bhikkhu
pasanno buddhasasane
adhigacche padam santam
sankharupasamam sukham.

Sumanasamanera Vatthu   382

Yo have daharo bhikkhu
yunjati buddhasasane
so' mam lokam pabhaseti
abbha muttova candima.

Es que tu yo es tu dueño y también tu refugio. Así, pues, adiéstrate bien, como un comerciante adiestra un caballo magnífico.

381

El monje mendicante, embargado de deleite y fe en las enseñanzas de Buda, encuentra la paz suprema y, allende la transitoriedad del tiempo, encontrará el gozo de la eternidad, el gozo supremo del nirvana.

382

Cuando un monje mendicante, aun joven, sigue con fe la senda de Buda, su luz brilla intensamente sobre el mundo, como el brillo de una luna libre de nubes.

BRAHMANAVAGGA

Pasadabahulabrahmana Vatthu 383

*Chinda sotam parakkamma
kame panuda brahmana
sankharanam khayam natva
akatannusi brahmana.*

Sambahulabhikkhu Vatthu 384

*Yada dvayesu dhammesu
paragu hoti brahmano
athassa sabbe samyoga
attham gacchanti janato.*

Mara Vatthu 385

*Yassa param aparam va
paraparam na vijjati
Vitaddaram visamyuttam
tamaham brumi brahmanam.*

Annatarabrahmana Vatthu 386

*Jhayim viraja' masinam
katakicca' manasavam
uttamattha' manuppattam
tamaham brumi brahmanam.*

26

EL BRAHMÍN

383

Cruza el río, brahmín, hazlo con toda tu alma: deja atrás los deseos. Cuando hayas cruzado el río del *samsara*, alcanzarás la tierra del nirvana.

384

Cuando un brahmín, después de transcender la meditación y la contemplación, ha llegado a la otra orilla, alcanza la visión suprema y se rompen todos sus grilletes.

385

Llamo brahmín a aquel para quien no existe ni esta ni la otra orilla ni las dos y, transcendido todo temor, es libre.

386

Llamo brahmín a quien vive en la contemplación, es puro y está en paz, ha hecho lo que debía, está libre de pasiones y ha llegado al fin supremo.

Anandatthera Vatthu

387

Diva tapati adicco
ratti mabhati candima
sannaddho khattiyo tapati
jhayi tapati brahmano
atha sabbamahorattim
buddho tapati tejasa.

Annatarabrahmana Pabbajita Vatthu

388

Bahitapapoti brahmano
samacariya «samano» ti vuccati
pabbajayamattano malam
tasma «pabbajito» ti vuccati.

Sariputtatthera Vatthu

389, 390

Na brahmanassa pahareyya
nassa muncetha brahmano
dhi brahmanassa hantaram
tato dhi yassa muncati.

Na brahmanasse' tadakinci seyyo
yada nisedho manaso piyehi
yato yato himsamano nivattati
tato tato sammatimeva dukkham.

387

De día brilla el sol y de noche brilla la luna. El guerrero brilla con su armadura y el sacerdote brahmín con su meditación, pero Buda brilla de día y de noche: en el esplendor de su gloria brilla el hombre despierto.

388

Por haber apartado de sí el mal, se lo llama brahmín; por vivir en paz, se lo llama *samana*; por haber dejado atrás todos los pecados, se lo llama *pabbajita*, «peregrino».

389, 390

Nunca se debe herir a un brahmín y un brahmín nunca debe responder al mal con el mal. ¡Ay de quien hiera a un brahmín! ¡Ay del brahmín que responda al mal con el mal!

No es poco lo que un brahmín obtiene, si mantiene apartados sus pensamientos de los placeres de la vida. Siempre que cesa el deseo de herir, desaparece un dolor.

Mahapajapatigotami Vatthu 391

Yassa kayena vacaya
manasa natthi dukkatam
samvutam tihi thanehi
tamaham brumi brahmanam.

Sariputtatthera Vatthu 392

Yamha dhammam vijaneyya
sammasambuddhadesitam
sakkaccam tam namasseyya
aggihuttamva brahmano.

Jatilabrahmana Vatthu 393

Na jatahi na gottena
na jacca hoti brahmano
yamhi saccanca dhammo ca
so suci so ca brahmano.

Kuhakabrahmana Vatthu 394

Kim te jatahi dummedha
kim te ajinasatiya
abbhantaram te gahanam
bahiram parimajjasi.

391

Llamo brahmín a quien no hiere con sus pensamientos ni palabras ni acciones, sino que los domina.

392

Quien aprende la ley de la rectitud de quien enseñe lo que Buda enseñó debe venerar a su maestro, como un brahmín venera el fuego del sacrificio.

393

Un hombre no llega a ser un brahmín dejándose crecer el pelo o por su familia o por su cuna. El hombre que alberga verdad y santidad está embargado de gozo y es un brahmín.

394

¿De qué te sirve tu enmarañado pelo, hombre insensato? ¿De qué tu ropa de piel de antílope, si, aunque exhibas una indumentaria ascética, albergas en tu interior apetencias enmarañadas?

Kisagotami Vatthu 395

Pamsukuladharam jantum
kisam dhamanisanthatam
ekam vanasmim jhayantam
tamaham brumi brahamanam.

Eka Brahmana Vatthu 396

Na caham brahmanam brumi
yonijam mattisambhavam,
bhovadi nama so hoti
sace hoti sakincano
akincanam anadanam
tamaham brumi brahmanam.

Uggasenasetthiputta Vatthu 397

Sabbasamyojanam chetva
yo ve na paritassati
sangatigam visamyuttam
tamaham brumi brahamanam.

Dve Brahmana Vatthu 398

Chetva naddhim varattanca
sandanam sahanukkamam
ukkhittapaligham buddham
tamaham brumi brahamanam.

395

Llamo brahmín al hombre vestido con ropa raída, delgado, con las venas abultadas y que vive solo en el bosque, entregado a la contemplación.

396

No lo llamo brahmín porque naciera de determinada madre o en determinada familia, pues puede ser orgulloso y opulento. Llamo brahmín al hombre que está libre de posesiones y deseos.

397

Llamo brahmín a quien ha roto todos los grilletes y no tiembla con el pensamiento, sino que está infinitamente libre de vínculos.

398

Llamo brahmín a quien ha cortado todas las ataduras, las correas y las cuerdas, con todos sus cierres, ha alzado la barra que cierra la puerta y está despierto.

Akkosakabharadvaja Vatthu   399

Akkosam vadhabandhanca
aduttho yo titikkhati
khantibalam balanikam
tamaham brumi brahmanam.

Sariputtatthera Vatthu   400

Akkodhanam vatavantam
silavantam anussadam
dantam antimasariram
tamaham brumi brahmanam.

Uppalavanna Theri Vatthu   401

Vari pokkharapatteva
araggeriva sasapo
yo na limpati kamesu
tamaham brumi brahmanam.

Annatarabrahmana Vatthu   402

Yo dukkhassa pajanati
idheva khayamattano
pannabharam visamyuttam
tamaham brumi brahmanam.

399

Llamo brahmín a quien, pese a ser inocente, sufre insultos, golpes y cadenas, y cuyas armas son la resistencia y la fortaleza del alma.

400

Llamo brahmín a quien está libre de ira, es fiel a sus votos, virtuoso, libre de concupiscencia y autoadiestrado y cuyo cuerpo mortal es el último que tendrá.

401

Llamo brahmín a quien no está apegado a los placeres sensuales, así como el agua no se pega a la hoja de loto ni un grano de mostaza a la punta de una aguja.

402

Llamo brahmín a quien incluso en esta vida conoce el fin de la aflicción, se ha deshecho de su carga y es libre.

Khemabhikkhuni Vatthu

Gambhirapannam medhavim
maggamaggassa kovidam
uttamattha manuppattam
tamaham brumi brahmanam.

Pabbharavasitissatthera Vatthu

Asamsattham gahatthehi
anagarehi cubhayam
anokasari mappiccham
tamaham brumi brahmanam.

Annatarabhikkhu Vatthu

Nidhaya dandati bhutesu
tasesu thavaresu ca
yo na hanti na ghateti
tamaham brumi brahmanam.

Samaneranam Vatthu

Aviruddham viruddhesu
attadandesu nibbutam
sadanesu anadanam
tamaham brumi brahmanam.

403

Llamo brahmín a quien tiene una visión profunda, es sabio, conoce la senda y lo que queda fuera de ella y ha alcanzado el fin supremo.

404

Llamo brahmín a quien se mantiene alejado de quienes tienen un hogar y de quienes no lo tienen, a quien sigue solo su camino y tiene pocos deseos.

405

Llamo brahmín a quien no hiere a ser vivo alguno, ya sea débil o fuerte, y ni mata ni es causa de muerte.

406

Llamo brahmín a quien es tolerante con los intolerantes, pacífico con los violentos y libre de codicia con los codiciosos.

Mahapanthakatthera Vatthu 407

Yassa rago ca doso ca
mano makkho ca patito
sasaporiva aragga
tamaham brumi brahmanam.

Pilindavacchatthera Vatthu 408

Akakksam vinnapanim
giram sacca' mudiraye
yaya nahhisaje kanci
tamaham brumi brahmanam.

Annataratthera Vatthu 409

Yo'dha digham va rassam va
anum thulam subhasubham
Joke adinnam nadiyati
tamaham brumi brahmanam.

Sariputtatthera Vatthu 410

Asa yassa na vijjanti
asmim loke paramhi ca
nirasasam visamyuttam
tamaham brumi brahmanam.

407

Llamo brahmín a aquel a quien deja caer la concupiscencia, el odio, el orgullo y la insinceridad, como cae una semilla de mostaza de la punta de una aguja.

408

Llamo brahmín a quien pronuncia palabras pacíficas, útiles y veraces y que no ofendan a nadie.

409

Llamo brahmín a quien en este mundo no toma nada que no se le haya dado, ya sea largo o corto, grande o pequeño, bueno o malo.

410

Llamo brahmín a quien no tiene deseos vehementes ni de este mundo ni de otro y, por estar libre de deseos, goza de una libertad infinita.

Mahamoggallanatthera Vatthu   411

Yassalaya na vijjanti
annaya akathamkathi
amatogadha' manuppattam
tamaham brumi brahmanam.

Revatatthera Vatthu   412

Yo'dha punnanca pipanca
ubho sanga'mupaccaga
asokam virajam suddham
tamaham brumi brahmanam.

Candabhatthera Vatthu   413

Candamva vimalam suddham
vippasannamanavilam
nandibhavaparikkhinam
tamaham brumi brahmanam.

Sivalitthera Vatthu   414

Yo'mam palipatham duggam
samsaram mohamaccaga
tinno parangato jhayi
anejo akathamkathi
anupadaya nibbuto
tamaham brumi brahmanam.

411

Llamo brahmín a quien carece de dudas en su visión y, por tenerlo todo, no anhela nada, pues ha alcanzado el inmortal nirvana.

412

Llamo brahmín a quien en este mundo ha transcendido el bien y el mal y los dos y, por estar libre de penas, está libre de pasiones y es puro.

413

Llamo brahmín a quien, como la luna, es puro, brillante, claro y sereno y ha abandonado el placer brindado por las cosas perecederas.

414

Llamo brahmín a quien ha superado la falsa ilusión del *samsara*, el enlodado camino de la transmigración, tan difícil de recorrer, ha cruzado hasta la otra orilla y, por estar libre de dudas y deseos temporales, ha alcanzado con su profunda contemplación el gozo del nirvana.

Sundarasamuddatthera Vatthu 415

Yo'dha kime pahantvana
anagaro paribbaje
kamabhavaparikkhinam
tamaham brumi brahmanam.

Jatilatthera Vatthu / Jotikatthera Vatthu 416

Yo'dha tanham pahantvana
anagaro paribbaje
tanhabhavaparikkhinam
tamaham brumi brahmanam.

Nataputtakatthera Vatthu 417

Hitva manusakam yogam
dibbam yogam upaccaga
sabbayogavisamyuttam
tamaham brumi brahmanam.

Nataputtakatthera Vatthu 418

Hitva ratim ca aratim ca
sitabultam nirupadhim
sabbalokabhihhum viram
tamaham brumi brahmanam.

415

Llamo brahmín a quien vaga sin hogar por este mundo y deja atrás los deseos de mundo, que nunca vuelven hasta él.

416

Llamo brahmín a quien vaga sin hogar por este mundo y deja atrás la febril sed del mundo, que nunca vuelve hasta él.

417

Llamo brahmín a quien está libre de la esclavitud de los hombres y también de la de los dioses, a quien está libre de todas las cosas de la Creación.

418

Llamo brahmín a quien está libre de placer y de dolor y es sereno, cuyas semillas de la muerte en vida se han consumido en el fuego y cuyo heroísmo ha vencido todos los mundos interiores.

Vangisatthera Vatthu   419, 420

Cutim yo vedi sattanam
upapattinca sabbaso
asattam sugatam buddham
tamaham brumi brahmanam.

Yassa gatim na jananti
deva gandhabbamanusa
khinasavam arahantam
tamaham brumi brahmanam.

Dhammadinna Theri Vatthu   421

Yassa pure ca paccha ca
majjhe ca natthi kincanam
akincanam anadnam
tamaham brumi brahmanam.

Angulimatthera Vatthu   422

Usabham pavaram viram
mahesim vijitavinam
anejam nhatakam buddham
tamaham brumi brahmanam.

Llamo brahmín a quien conoce las idas y venidas de los seres —el nacimiento y el renacimiento de la vida— y con gozo ha llegado al fin de su viaje y ahora está despierto y ve.

Llamo brahmín a aquel cuya senda no es conocida de los hombres ni de los espíritus ni de lo dioses, está purificado de todas las imperfecciones y es un santo, un *arahat*.

421

Llamo brahmín a aquel para quien nada son las cosas futuras, pasadas o presentes, nada tiene y nada desea.

422

Llamo brahmín a quien es fuerte y noble y lleva una vida de heroísmo interior, el vidente de todo y vencedor de todo, el siempre puro, que ha llegado al final del camino y, como Buda, está despierto.

Pubbenivasam yo vedi
saggapayanca passati
atho jatikkhayam patto
abhinnavosito muni
sabbavositavosanam
tamaham brumi brahmanam.

Pubbenivasam yo vedi
saggapayanca passati

Llamo brahmín a quien conoce el río de sus vidas pasadas y está libre de la vida que acaba en la muerte, conoce los gozos del Cielo y las penas del Infierno, pues ve con visión pura, y, por su perfección, encarna la perfección suprema.